ポスト コロナ時代の 若者交流

日中ユースフォーラム2020

Japan-China Youth Forum 2020

段 躍中 編

出版にあたって

ポストコロナ時代の若者交流を支えよう

主催者代表、日本僑報社編集長　段　躍中

二〇二〇年十一月二十九日、「ポストコロナ時代の若者交流」をテーマに、第三回「日中ユースフォーラム」を開催しました。新型コロナウイルスの影響を受け、今回初のオンライン開催となりましたが、日中両国をはじめアメリカ、フランス、カナダ、シンガポールなど世界六カ国から定員を上回る百人余りが参加しました。

冒頭四十五分は「忘れられない中国滞在エピソード」授賞式を開催し、孔鉉佑大使よりいただいたお祝いのメッセージを読み上げました。

第三回「日中ユースフォーラム」開催にあたって、中国に着任したばかりの垂秀夫大使から激励の言葉をいただきました。

近藤昭一衆議院議員、矢倉克夫参議院議員、公益財団法人東芝国際交流財団の大森圭介専務理事、中前由紀港区議会議員よりご挨拶の言葉をいただき、朝日新聞の古谷浩一論説委員からは総括のコメントをいただきました。

また、公益財団法人東芝国際交流財団白井純顧問、第一回「日本語作文コンクール」一等賞受賞者である大連海事大学日本語学部の陶金学部長・副教授らに、コメンテーターとしてご参加いただきました。

大変お忙しい中ご参加いただいた各方面の皆さまのご支援とお力添えのおかげで、今回のユースフォーラムは盛会となりました。皆さまのお言葉から、インターネットを通じた若者交流への関心が高まっていることがうかがえました。主催者を代表して、この場を借りて皆さまに深く御礼申し上げます。

このフォーラムは、日中の若者たちが相互理解を深めるとともに、両国の交流促進へのヒントを探ろうとする貴重な機会です。今回は「ポストコロナ時代の若者交流」をテーマに、参加者たちから自由に意見を述べてもらいました。

例えば中国の若者からは「コロナ禍の中にあって、両国の青年はネットを通じて交流を続けてきた。ポストコロナ時代はこうしたネット経験を生かし、より多彩な交流を創造すべきだ」との前向きな提言がありました。日本の若者からも「今、新たな留学の形として検討されているのがオンライン留学だ。三六〇度VR映像やオンライン会議ツール、SNSなど最先端の技術を使えば、国境を超えた文化・教育交流が増えていく可能性がある」との具体的な意見がありました。

今年はコロナ禍を受け、各国・地域で海外渡航の中止や制限を余儀なくされました。このような状況の中でも、両国の若者たちは、インターネットを活用し、新しい時代の交流にフレキシブルに対応しつつあります。今回の「日中ユースフォーラム」は、「ポストコロナ時代の若者交流」に希望を託すことのできた、大変意義深いものとなったと言えるでしょう。

私たちは若者のパワーを信じ、ポストコロナ時代に日中の若者たちが交流を促進し、相互理解を深め、両国の関係に新しい活力とポジティブエネルギーを注ぎ込んでもらいたいと願い、全力で若者の交流を支えることを決意しました。

そして書籍を通して両国の若者たちの考えをより多くの方々に共有していただきたいとの思いで、この出版不況の中、あえて本書の出版を決定いたしました。

皆さま方にもぜひ、私たちの活動ならびに日中の若者たちの交流と活躍を引き続き見守っていただきたく、今後とも何卒よろしくお願い申し上げます。

二〇二〇年十二月吉日

目次

日本の若者たちからの報告と提言

第3回 日中ユースフォーラム

―ポストコロナ時代の若者交流―

2021年11月29日(日) オンラインにて開催

主催 日本僑報社・日中青年交流の会　協賛 東芝国際交流財団

中国側発表者

萬園華
第16回
最優秀賞
(日本大使賞)
大連外国語大学

陳　朝
第16回1等賞
清華大学

李羚羚
第16回1等賞
安徽師範大学

劉　昊
第16回1等賞
南京師範大学

彭多蘭
第16回1等賞
東北財経大学大学院

孔梦歌
第16回1等賞
西安電子科技大学

郭可純
第12回1等賞
中国人民大学

陳星竹
第11回二等賞
西安交通大学院

日本側発表者

池松俊哉
第3回
最優秀賞
(中国大使賞)
会社員

岩崎春香
第3回1等賞
看護師

鈴木あいり
第3回3等賞
高校生

有田穂乃香
第3回3等賞
同志社大学

高橋稔
第2回3等賞
早稲田大学

久保田嶺
第3回2等賞
動画クリエイター

第3回「日中ユースフォーラム」チラシ

第3回「日中ユースフォーラム」開催の様子
（11月29日、オンライン会議ツール「Zoom」を使用）

ご祝辞

一人ひとりの信念、日中発展の原動力に

垂 秀夫
中華人民共和国駐箚特命全権大使

本日ここに、多くの関係者の皆様のご参加を得て、第三回「日中ユースフォーラム」がオンラインで開催されますことに心からお祝いを申し上げます。

また、本フォーラム開催のためご尽力されました日中両国の若い世代の皆さん、関係者の皆様に深く敬意を表します。

今回の報告者の皆さんは、「中国人の日本語作文コンクール」や「忘れられない中国滞在エピソード」コンクールで、上位に入賞された方々であるとうかがいました。

特に「中国人の日本語作文コンクール」で受賞された皆さんの作品は、新型コロナウイルス蔓延という状況下にあっても一所懸命に日本語と日本文化を勉強し、日中相互理解を深めることについて具体的に述べられていました。こうした一人ひとりの強い意志や信念が、これからの日中関係の発展を支える原動力になるものと考えます。

若い世代の皆さんには、これからも引き続き語学を始めとする各分野で研鑽を積み、日中関係の担い手、両国の間の懸け橋になられますよう、心より期待いたします。

二〇二〇年十一月二十九日

中華人民共和国駐箚特命全権大使　**垂　秀夫**

ご挨拶

世々代々と続く「真の友情」

近藤 昭一
衆議院議員

本日ここに、第三回「日中ユースフォーラム」が、オンラインで開催されますこと、誠におめでとうございます。

新型コロナウイルスの流行が予断を許さない状況ではありますが、このように盛大な交流の機会を設けられました主催者、関係者の皆様のご努力に、深く敬意を表します。

さて、本日のフォーラムは「中国人の日本語作文コンクール」や「忘れられない中国滞在エピソード」コンクールで入賞された日中の若い世代の皆さんが、相互理解と友好を深め、これからの新しい交流について考える機会であります。

思い起こせば私も大学時代に中国の北京語言大学へ留学し、家族ぐるみでおつきあいする顧さん一家に大変世話になりました。その模様は日中対訳『忘れられない中国留学エピソード』受賞作品集にも掲載されておりますので、すでにご覧になった方もいることでしょう。

本日のフォーラムを通じて、私たち家族と顧さん一家のように世々代々と続く「真の友情」が育まれますことを願うものです。

それにより、日本人と中国人、特に両国青少年たちの相互理解と協力関係がいっそう深まりますことを心より祈念し、私のお祝いといたします。

二〇二〇年十一月二十九日

ご挨拶

縁あれば千里離れていても会える

大森 圭介
公益財団法人東芝国際交流財団専務理事

本日ご参加のご来賓の皆様、日本語作文コンクール、及び忘れられない中国滞在エピソードの受賞者の皆様、そして、過去の受賞者をはじめ、現在、様々なお立場で、日中の交流に腐心して頂いている皆様、お目にかかれてうれしく思います。

当財団は、日中の心の懸け橋となる日本語作文コンクールの趣旨に賛同し、長年協賛させて頂いており、また、この日中ユースフォーラムも毎年応援させて頂いております。

「中国人の日本語作文コンクール」は、三百を超える中国全土の大学から、累計の応募者数が四万九千名を超え、しかも過去十六回一度も途絶えることなく続けて来られました。それだけでも快挙でありますが、段さんの取り組みの素晴らしさは、日本と中国の双方向の理解促進に全身全霊で取り組んでおられることにあります。

また、過去の受賞者の皆さんの多くが、一回だけのコンクール参加に留まらず、本日参加の白宇さんや張君恵さんなどのように、卒業後も、日中交流を促進する団体を設立したり、関連のお立場の仕事に携われていることも影響力の大きさを示しています。

今回の新型コロナの作品集を見て、ひとりひとりの乗り越えられたドラマが書かれており、大変感銘を受けました。大連外国語大学の川内浩一先生が作品集に感想を書いておられましたが、それぞれの作者の「真心話」が伝わってまいりました。

私自身は、東芝で三十二年間国際関係の仕事に携わり、当財団でも四年間国際交流に携わっておりますが、「直接体験」を大切にしてきました。書物で知り、人から聞くだけでなく、実際に体感して、初めて真の理解を深めることが出来るというのが私の信条です。一九九〇年の初の訪中以来、北は北京、天津から、南は上海、広州まで何度も足を運ぶ機会がありましたが、中国はその国土の広さだけでなく、その多様性、包容力の大きさというものを強く感じます。

私どもは、とかく、「中国人の国民性は○○」「日本人の国民性は○○」という先入観で世界観をつくって物事を判断してしまいがちです。そうした視点では、一人ひとりの輝く個性、人生の体験のドラマといったものは見えてまいりません。段さんの試みは、コンクールの規模のみならず、そうした個の視点も大切にされている点が素晴らしいと思います。

私のご挨拶を、「中国のことわざ」で締めくくりたいと思います。

「有《う》縁《えん》千《せん》里《り》来《らい》相《そう》会《え》」

「縁があれば千里離れていても会える」という意味ですが、今日も、日本各地から、そして中国全土からつながっている皆様は、まさに千里を超えてつながる縁をお持ちの方が集まっておられるのだと思います。

このコロナが終息したら、是非皆様と対面でお会いしたいと思っています。

謝謝多謝。

二〇二〇年十一月二十九日

ご挨拶

実を結びつつある友好の種

中前 由紀
東京都港区議会議員

今まで池袋の会場で日中ユースフォーラムが開催されてきました。

作文コンクール受賞者による発表が大変素晴らしく、もっと大勢の人に聞いてもらいたいという主催者の段躍中さんのご意向で今年は中国大使館からも近い六本木の麻布区民ホールでの開催が予定されていました。今回コロナで麻布区民ホールでの開催が中止と伺い、初めはすごく残念に思っていたのですが、ズーム開催により中国をはじめ世界中から、また日本の全国各地から参加してくださる方がいて、すごく良かったなと感じています。

私が政治の世界で活動してきて感じるのは、いい悪いは別として政治は理屈ではなく好き嫌いといった感情で動く部分が大いにあるということです。

段さんが長年続けてこられた作文コンクールによって中国が好きな日本人、日本が好きな中国人がたくさん誕生し、段さんの撒いた友好の種は実を結びつつあります。

私も段さんや段さんの活動を応援している岩楯嘉之さんのおかげで多くの素晴らしい中国人の留学生の若者たちと交流し、一緒に地域で御神輿を担いだりしてきました。本当に素晴らしい子たちばかりでした。

人は最後は自分の目で見たものを信じます。

これからも段さんの活動を応援しています。

二〇二〇年十一月二十九日

ネット交流経験生かし新しい交流創造を

大連外国語大学四年生　萬　園華

第16回 最優秀賞・
日本大使賞受賞

二〇二〇年は平凡ではない年だと思います。新型コロナウイルスの感染拡大によって、私たちの日常生活に大きな変化が起こりました。今になっても、新型コロナウイルス感染症の最も深刻な時期を思い出すと、私の心の中にはやはり恐怖のようなものがあります。春節はもともと国を挙げて祝う祝日であり、人々の顔には幸せな笑顔が溢れているはずでした。しかし、目に映ったのはマスクをした顔ばかりです。お互いに相手の表情が見えなくなり、人と人の間に見えない壁があるようでした。本当に寂しいと感じました。

しかし、現在中国の状況は大きく改善され、私たちも普段の生活を取り戻すことができました。教室に座って授業を受ける生活を当たり前のことだと思っていましたが、新型コロナウイルスを経験して、私たちは当たり前だと思っていた生活を大事にするようになりました。

もちろん、中国が今回の難関を乗り越えることができたのは、第一線で戦った医療関係者やボランティア、そして全国民の協力と切り離せないことですが、日本をはじめ世界各国からの支援にも感謝しなければならないと思います。新型コロナウイルスの中で、中日両国の人々は「山川異域、風月同天」「春雨や身をすり寄せて一つ傘」などという言葉のかけ橋を通じて、運命共同体という意識を心に深く刻みました。日本の方々の温かい支援はネットでも大きな話題になりました。私はネット上の記事を見て感銘を受けると同時に、二〇〇八年の四川大地震を思い出しました。今回日本から送られた支援の言葉が四川大地震に駆け付けた日本の救援隊が被害者を追悼していた真摯な姿と重なりました。私は何ともいえない深い感動を味わいました。日本語専攻の学生として、日本語をしっかり学びたいという気持ちが一層強くなりました。自分の努力を通じて、心の壁を崩し、より多くの人に本当の日本を理解してもらいたいです。また、今回の作文コンクールを通じて、日本の支援に対する感謝の気持ちが伝えられれば、本当にうれしいと思います。

そして、今後新型ウイルスの状況が大きく改善された時、いわゆる「ポストコロナ時代」において、中日両国の青年たちはどのようにして交流を進めるべきでしょうか。新型コロナウイルスの影響で、私たちは就職、進学、そして生活の面において様々な挑戦に直面しています。こうした中で、中日の青年たちは一層交流を深め、「ポストコロナ時代の挑戦にどう立ち向かうか」という課題をめぐり、経験を交流し、お互いに学び、助け合っていくべきだと思います。外国入国の制限はまだ解除されていませんが、人と人のつながりは断ち切られてはいないはずです。新型コロナウイルスの最も深刻な時期においても、中日両国の青年たちはネットを通じて交流を続けてきました。ポストコロナ時代において、私たちはさらにこうしたネットでの交流経験を生かして、新しい豊富で多彩な交流方式を創造していくべきだと思います。

そして、今回の新型コロナウイルスは危機であると同時に、転機でもあると思います。

なぜならば、中国には、「患難見真情」「困難を共にしてこそ、真心がわかる」という諺があるように、中日両国がお互いに助け合って今回の新型コロナウイルスを共に乗り越えることは、両国の人々の友情をより深くより強いものにすると思うからです。新しい世代の若者として、私も中日友好のために微力ながら貢献したいと思っています。

萬 園華（まん えんか）
二〇〇一年、江西省出身。大連外国語大学日本語学科三年。第16回「中国人の日本語作文コンクール」最優秀賞（日本大使賞）を受賞。
作文は「私たちを言葉が繋ぐ」と題し、今年の新型コロナウイルスの感染拡大に対して日本から送られた援助物資とそこに書かれていた支援の言葉に感銘を受け、さらに二〇〇八年四川大地震に駆けつけた日本の救援隊の真摯な姿を重ね合わせて「将来、一人前の通訳者になるために日本語をしっかり学びたい」と決意を表明。「この作文を通じて、日本の方々に感謝の気持ちをお伝えできれば」と受賞の感想を述べる。
趣味は、旅行。

苦難に負けず人の役に立てるものに

安徽師範大学三年生　李　羚羚

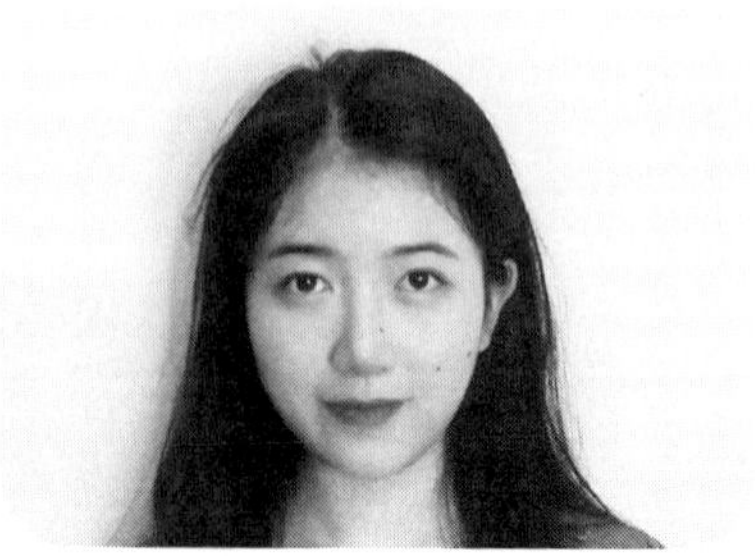

第16回　一等賞受賞

皆さん、こんにちは。安徽師範大学の李羚羚と申します。よろしくお願いします。

この作文を書いたのは、周りに起った真実を知ってもらうため、胸が熱くなり、その熱さを周りの人に伝えたいからです。

私の友達の許さんのご両親はともに医師です。新型コロナウイルスが私の省でも発生した頃、許さんのご両親は医者として春節からずっと出勤していました。お父さんは病院の中だけではなく、感染した可能性がある人の家へ診察に行ったりもしました。お母さんは防護服を着たまま、一日中検査室から出られなくて、顔は皮膚が破れて水も飲めなくなってしまいました。でも、彼らは自分の責任から逃げようと考えたことはありません。ただ、娘が感染するリスクを減らそうと思ったから、強硬的に自分の娘を家から追い出しました。許さんは私と共に暮らすようになり、しばらくの間、様子がおかしかったので聞いてみると、彼女は涙を流して、お父さんとお母さんの苦労を知っている以上、自分がそんな親たちに何もしてあげられなくて、そんな自分が悔しくて大嫌いだと言いました。

その後、私たちは教科書などを取りに行くため、彼女の家に向かいました。そこでなんと、彼女のお父さんの遺書を見つけてしまいました。中国では「天将降大任与是人也」という言葉があります。もし天から重い責任を任されたら、強い心と体でそれを全うしなければなりません。彼らは医者である以上、疫病に立ち向かう責任があり、そしてもう一つの責任は、親として自分の子供を守る責任です。たとえ自分が本当に死ぬようなことになっても、彼らの娘として、彼らを誇りに思ってくれることを望みます。

許さんのご両親は今、無事に家族と一緒に暮らしていますが、私はこんな医師が世界には何人もいるのだろうと思って、胸が熱くなりました。そして、その気持ちを文字を通して、もっと多くの人に伝えたいです。

中国で新型コロナウイルスが収束しつつある現在、私たち若者は何をするべきか、ぜんぜん手がかりがないみたいに思えます。でも、実際に調べると、今度の新型コロナウイルスの中で、感染した武漢やいろいろな都市を支援する看護師の半分以上が、ゆとりと言われる九〇年代の若者です。だから、自分が何をするべきかといったら、自分の価値を実現したいです。

この前は宮沢賢治さんの「雨ニモマケズ」という本を見ました。「雨にも負けず、風にも負けず、雪にも夏の暑さにも負けぬ」「褒められもせず、苦にもされず、そういうものに、わたしはなりたい」。私も、雨にも負けず、風にも負けず、今度の苦難にも負けず、手を洗い、丈夫な体を持ち、人の役に立てる、そういうものに、なりたいです。

李　羚羚（りきょうきょう）

一九九九年、安徽省出身。安徽師範大学日本語学科二年。第16回「中国人の日本語作文コンクール」一等賞を受賞。

作文は「許さんと父の遺言」と題し、新型コロナウイルスの流行期に、両親が医者である女友達の許さんを自宅に受け入れた時の筆者の実体験を綴った。許さんの両親は毎日忙しく患者の治療にあたっており、娘にあてた遺書まで用意していた。医者として人の命を守る義務があるという友人の両親の言葉に「胸が熱くなった」と李さんは述べる。

趣味は、アニメ、漫画、音楽鑑賞。

どんな困難も乗り越えられる団結の力

清華大学三年生　陳　朝

第16回　一等賞受賞

本日は、私どものためにこのような盛大な表彰式を催していただき、誠にありがとうございます。今回一等賞をいただきましたこと、とても栄誉のあることと感動しています。

まずは、作文の内容について紹介させて頂きます。作文のタイトルは、「団地の北門」です。

この作文で、私は自分の団地の警備員たち、出前の人たち、そして隣人たちなどの普通の人々の疫病の中の物語を書きました。団地の北門は、この一連の物語の舞台でした。警備員たちは何カ月も北門で住民たちの体温を測定してくれました。出前の人たちは毎日、住民たちにとって不可欠な食べ物を北門まで運んでくれました。それから、隣人たちも物とかお金などを寄付してくれて、そのリスト一覧が北門のそばに並べられていました。疫病の専門家ではないが、彼らは自分なりに頑張っていて、私に本当に深い印象を残しました。それゆえ、「苦難をいかに乗り越えたか」というテーマを見てから、すぐに彼らの姿を思い出しました。

この作文を通して伝えたいことは二つあります。

一つ目は、普通の人々にも感謝しなければならない気持ちです。医者など戦いの前線にいる戦士たちはもちろん英雄ですが、普通の人々も自分なりの貢献をしました。彼らの犠牲がなければ、疫病がさらに深刻になったでしょう。彼らはテレビや新聞で紹介される機会が少ないが、その貢献は忘れてはいけないと考えております。

二つ目は、団結の重要さです。今回の戦いは、全ての人々が自分の責任を自覚してこそ芳しい成果が上がったのです。一人の力は小さいですが、一つの団地の力、または全国の力を集めると、どんな困難でも乗り越えられます。疫病はまだ終結していません。だから、我々はこの団結の精神を受け継いで、未来の挑戦にも勇敢に対峙すべきだと思います。

ところで、コロナウイルスの状況も依然として深刻です。この背景のもとで、私たち若者はどう交流し続ければいいのでしょうか。私に言わせてもらえれば、以下のアドバイスが役立つかもしれません。

まずはSNSを通しての交流です。私は学校の活動で多くの日本の若者と友達になりました。疫病が激しくなるにつれて、私たちもWeChatでの連絡を続けて、自分の町の状況を話し会ったことがよくあります。こんな交流に伴って、お互いの友情も深まりました。これからも、定期的に情報を分かち合ったり、励まし合ったりしようと思います。

次はインターネットを通じての学術活動です。この半年間、私はインターネットで日本あるいは中国で開催される講座、学術交流会に参加したことがあります。ZOOMなどの会議アプリのおかげで、同じ空間にいなくても自由に交流することができます。未来も、日本の若者たちとの学術の交流を深めたいと思います。

最後はメディアを利用して、文章、動画などを創作して相手国に伝えることです。例えば、日本社会を紹介する動画は中国のbilibiliという動画サイトで大人気です。そして、私の何人かの日本の友達が日中友好アイドルとして中国風の作品を創っています。このように、両国の若者が自分が興味ある服装、工芸、文学、美食などの分野の作品を創って、相手国の人々と分かち合えれば、お互いの理解を深められるでしょう。

最後に、栄誉ある賞をいただきましたこと、改めて感謝しております。今後も、日本語の勉強に努め、両国の友好交流に努めてまいります。このような機会をいただき、本当にありがとうございました。

陳朝（ちん ちょう）

一九九九年、四川省出身。清華大学日本語学科二年。第16回「中国人の日本語作文コンクール」一等賞を受賞。作文は「団地の北門」と題し、新型コロナ流行期に住んでいる団地が封鎖され、唯一の出入り口となった北門での人々の情景を、細やかな観察眼で描いた。住民らの体温を測定する警備員、毎日食材を運ぶ配達員、必要な物資を寄付する住民たち……。そこには新型コロナの脅威と闘う「平凡な人々」の姿があった。「普通の人でも団結すればどんな大きな災難でも乗り越えられる」、その信念を伝えたいと述べる。趣味は、水泳。

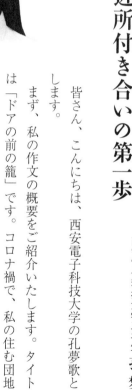

知り合うことは近所付き合いの第一歩

西安電子科技大学三年生　**孔　梦歌**

第16回 一等賞受賞

皆さん、こんにちは、西安電子科技大学の孔夢歌と申します。

まず、私の作文の概要をご紹介いたします。タイトルは「ドアの前の籠」です。コロナ禍で、私の住む団地のあるお婆さんは、医師である息子さんが武漢を支援しに行ったので、一人で家に残されました。近所の人々はお婆さんのために食材や生活用品をドアの前の籠に入れました。お婆さんも息子からもらったマスクを籠に入れ、近所の人々に分け与えました。近所同士が助け合い、ともにコロナ禍を乗り越える話です。

これは特別なことではなく、コロナ禍では中国各地でよく見られる風景でした。災難に遭った時に、「一方有難、八方支援」というのは中国人にとっては当たり前のことです。だから、コロナに遭っても、私の心には、「皆で乗り越えられる」という希望と確信がありました。

日本は中国の隣人です。中国がコロナで人々を隔離していたころ、日本からマスク、防護服などの物資がたくさん送られてきました。「山川異域、風月同天」など心温まる言葉ももらいました。その後日本がマスク不足に陥ったとき、中国が大量に送ったこともあります。まさに隣人同士が助け合い、ともに困難に立ち向かったのです。

最近の中日関係は、経済の面では緊密になる一方、政治の面では時々摩擦が起きています。しかし、ポストコロナ時代には、世界の構造は大きく変わります。

そこで、中日両国は、激変する世界情勢の中で、運命共同体として、摩擦を抑え、ともにコロナ対策と経済の回復に尽力すべきです。国レベルでは、ワクチンの開発、新規インフラ整備プロジェクト、人工知能の研究開発などの領域で、互いの長所を発揮して協力すべきです。

ポストコロナ時代を担う我々若者も、世界情勢の変化の中で、中日両国の交流・協力を促進するために、自分のできることを実践して行かなければなりません。まずはお互いをもっと知り、相互理解を深めることです。コロナによって海外との往来が制限された現在、インターネットはより良い交流の手段になりました。Tiktokなどのアプリを使って、日本の若者に中国の真の姿をピーアールしたいです。高速に発展している現代都市、雄大な大自然、悠久の歴史を持つ西安の街、近所同士が助け合う人々の優しさと暖かさ……全部見せたいのです。そして、日本人の若者のライフストーリーに耳を傾け、将来の希望を語り合いたいです。お互いに知り合うことは、近所付き合いの第一歩です。

以上です。ご静聴ありがとうございました。

孔　夢歌（こう むか）

二〇〇〇年、河北省出身。西安電子科技大学外国語学部二年。第16回「中国人の日本語作文コンクール」一等賞を受賞。

作文は「ドアの前の籠」と題し、医者の息子が武漢に医療支援に向かい、一人残された同じ団地に住むお婆さんと住民たちとの温かな交流を綴った。お婆さんの家のドアの前には多くの住民から贈られた食料や生活物資があり、逆にお婆さんからは息子からというマスクが返礼として置かれていた。改めて人の心の温かさに気づいた孔さんは「私は疫病に負けない」と強い意志を記している。

趣味は、歌を歌うこととドラマ鑑賞。

若者はオンライン国際交流を広げるべき

東北財経大学大学院二年生　彭　多蘭

第16回 一等賞受賞

受賞作について

作文コンクールに参加した理由

先学期の授業中にこの作文コンクールのことを初めて聞き、ぜひやってみたいと思いました。作文を書くことは、私にとって外国語学習の中で一番レベルが高いことだと思います。今回の「中国人の日本語作文コンクール」は日本語学習の集大成として、卒業する前にぜひチャレンジしたいと思い、そして三等賞以上の作文が日本で出版されることを知り、中日友好のために少しでも貢献したいと思い参加しました。

受賞作の概要紹介

作文の内容は、医師である母が病院からアフリカ・ルワンダへの支援の呼びかけを受けた後、私と父に相談もなくルワンダへ行くことを決めたことを中心に書きました。私と父は母がルワンダへ行くことに反対し、何度も母を説得し行くのをやめさせようと思いましたが、何度も相談した後で、私は母の人助けに対する思いを理解しました。そんな私も実はよく人助けをし、ボランティア活動などに参加しています。そして、コロナ禍の中で、中国や日本のためにどうしたらいいのか。今私には何ができるのか。そして、私はこれから何をすべきなのか——などを書かせていただきました。

まとめ（感謝）

この度、一等賞以上に選んでいただき、誠にありがとうございます。まずは私の指導の先生に感謝の気持ちをお伝えしたいです。先生の指導の下、心を込めてこの文章を書きました。先生にポイントとアドバイスを教えてもらったおかげで、この文章が認められるようになりました。そして、九月十六日に口述試験を受けて、日本の方に大切にしていただいていることを感じ、大変光栄だと思います。今回、一等賞に選んでいただいたのは、この院生の一年間の努力が報われた最高の証明だと思います。最後になりますが、皆様の協力や期待を裏切ることのないように、これからも精一杯頑張っていきたいと思います。

ポストコロナ時代の若者交流について

現在の若者交流における現状

コロナにより、国際交流に影響がありました。今回の日中ユースフォーラムも例年通りの開催はできず、現在も国際的な交流に支障が出ています。そして、若者交流の影響力が最も大きく表れているのは海外留学だと思います。コロナにより多くの学生が海外に留学できず、全世界の若者が非常に大きな影響を受けています。

解決策や各大学の取り組み（事例）

現在は留学予定の学生たちは合格した大学のオンライン授業を受け続けていくべきだと思います。教師や学生との交流を続け、更にはオンライン国際交流といったイベントなどを開き、大学の授業だけではない、オンラインの国際交流を増やしていくべきだと思います。

まとめ（私の意見）

アフターコロナ時代、若者たちは責任をもって、世界の発展に自らの貢献を果たすべきだと思います。私たち大学生や大学院生はより、オンライン国際交流を広げていくべきです。また、私はこれからのオンライン国際交流は、高校生や中学生、そして小学生に至るまで、より若い世代が交流するべきだと考えています。もっともっと若い世代が早くから交流すれば、よりお互いを理解する機会が増え、コロナが過ぎ去ったあとは、よりスムーズに交流が出来ると考えています。

彭 多蘭（ほう たらん）

一九九七年、内モンゴル自治区出身。東北財経大学大学院一年。第16回「中国人の日本語作文コンクール」一等賞を受賞。

作文は「母、ルワンダに行く」と題し、アフリカへの医療支援を希望する医者の母と、日本語を学ぶ学生として何か貢献できることは？と考える自身の熱い思いを綴った。

趣味は、登山とジョギング、歌うこと。

言語学習、文化理解にオンライン交流促進を

南京師範大学四年生　劉昊

第16回　一等賞受賞

受賞作について

作文コンクールに参加した理由

今年コロナが一番厳しい時期、私は日本人の友達から無料でマスクをいただいて、心から感謝しました。その感謝の気持ちをお伝えしたいので、今回作文コンクールに応募させていただきました。作文を通して、助けてくださった日本人の皆様に感謝の気持ちをお伝えするができて、本当にありがたいです。

作文の概要紹介

今年新型コロナウイルスが中国全国へ広がり始めた頃、私が住んでいる南京という町でも影響を受けて、どこでもマスクが買えませんでした。途方に暮れた私に助けの手を差し伸べてくれたのは去年日本で交換留学中にできた日本人の友人でした。彼は私の窮境を知って、躊躇なく国際郵便でマスクを届けてくださいました。当時、ちょうど日本から「山川異域、風月同天」という文字が記された支援物質が中国に届きました。日本人の皆様に感謝の気持ちを伝えたい、そしてこの恩を返したいので、四月日本の感染状況が酷くなった頃、私も日本人の友人にマスクをお送りしました。今回マスクを通して、私と日本との間の絆がさらに深まりました。

ポストコロナ時代の若者交流について

若者の交流をさらに拡大する

今回コロナの災禍を通して、世界中に中国に対して偏見を持つ人がまだたくさんいるのがわかりました。若者同士の交流はある意味で将来その国と国の関係に影響を及ぼすといえます。特に、日本と中国は一衣帯水の隣国なので、お互いの文化を理解してもらえるように、現在より日中間の若者の交流の規模をさらに拡大するべきだと考えます。政府間で行われる正式的な交流だけでなく、民間交流組織もそれなりに力を注ぐべきだと考えています。

オンライン交流を促進する

ポストコロナ時代において、交流形式も時代に応じて変わらなければなりません。最近日中間会話コーパスについての資料を拝見して、非常に面白いことに気づきました。今年日本語教育研究者によってデザインされた学習者と母語話者のコミュニケーションに関する研究は主にオンラインで行われました。対面ではないですが、数分間以内にお互いにたくさんの情報が共有できて、本当に印象深かったです。交流形式は現地見学にとどまらず、このような便利なオンライン交流を促進すれば良いのではないかと考えます。言語学習に役に立つ上に、相手の文化にさらに理解を深めることができるでしょう。

言語教育で交流を深める

私は今日本の大学院で日本語教育を勉強しております。なので、言語教育の若者交流における重要性をしみじみ感じています。学習者はただその国の言語を学ぼうとするのではなく、その国の文化などに興味があると思いますが、将来日本語教師を目指している私は自分の力で日本語教育の現場で言語活動を通して、日中間の若者の交流を深めたいと思います。

感　想

大学で日本語を勉強してから、できる限り日本という国の全体像を把握するために、私はいつも日本の各業界で活躍している方々と日本語で意見交換をしたいです。今回「日中ユースフォーラム」に参加する機会をいただいて、たくさんの方々の話を伺うことができて、大変光栄に存じます。

私は日本語専門生として、将来日中間交流の懸け橋になることを目指していますが、ユースフォーラムで日中関係に貢献している外交官や民間組織の責任者たちの話を聞いて、自分には足りないところがまだたくさんがあることをしみじみと感じました。私も今後の人生において彼らのように日中両国の友好のために、自分の力で貢献したいです。また、ユースフォーラムで多くの日本語学習者に慕われている中村紀子先生と久保田嶺さんの生の声が聞こえて、本当に印象深かったです。私はずいぶん前から中村先生と久保田さんのファンなので、今回同じフォーラムに参加させていただいて、光栄の至りです。さらに、今回私は皆様に「ポストコロナ時代の若者交流」について自分の愚案を述べました。私は発表で今後中日間の若者の交流をオンラインでさらに拡大し、また自分は日本語教師として言語教育を通して、日中間の交流を深めたいと述べました。久々にたくさんの方々の前で日本語で報告したので、少し緊張しましたが、皆様のおかげで、言いたいことを全部伝えられて、本当にうれしかったです。ありがとうございました。

劉 昊（りゅう こう）

一九九七年、江蘇省出身。南京師範大学日本語学科四年。第16回「中国人の日本語作文コンクール」一等賞を受賞。

作文は「マスクで助け合おう」と題し、地元南京市内でマスクが手に入らなくなった二〇二〇年一月、日本留学時代の友人からマスクが大量に届けられ、四月には日本で困っている別の友人に劉さんからマスクを送った「日本との絆を深めた」体験を生き生きと綴った。

趣味は、バイオリン演奏と日本語に関すること。

ニューノーマルを見つめて、「どこでもドア」を開けよう

中国人民大学卒　郭 可純

第12回 一等賞受賞

第十二回作文コンクールを受賞してから、四年が経ちました。

二〇一七年に中国人民大学を卒業してすぐ、北京の大学生から東京の社会人になりました。

さらに二年後にシンガポール駐在員に任命され、アジアを転々とした四年間でした。

今はビジネスコンサルタントとして、シンガポールに進出している日系企業のデジタル改革等を支援させて頂いています。

コロナにより生活スタイルも働き方も一変しました。コロナ後の新しい生活様式は、「ニューノーマル」（New Normal）と言われています。

ニューノーマルな世界に向けて舵を切るのは大変だと感じつつ、それをきっかけに斬新なコミュニケーションのスタイルが生まれたと思います。


日本から離れて以来、日本で開催されたシンポジウムや交流会に参加することができず、残念だと思っていました。

ありがたいことに、本「日中ユースフォーラム」はZoom開催であるため、躊躇なく申し込みしました。

このように、今まで学校でしか受けることができない授業や、オフィスやミーティングルームに集まってからの会議、座席制限のためチケットを取るのが難しいアイドルのコンサート等、全てがオンライン開催に切り替わりました。

我々はドラえもんの「どこでもドア」を使ったかのように、いつでもどこにも現れることができたといっても過言ではないでしょう。

コロナの影響で「閉塞」「制限」されたと感じるかもしれませんが、少し視点を変えると、現実を超えたデジタル世界におけるコミュニケーションにより、世界が飛躍的に広がったと感じるでしょう。

この「どこでもドア」の鍵はみんな一人ひとりの心にあるため、それを積極的に活用していくことがキーになります。

特にデジタル世代に生まれた我々若者たちは、変化を恐れず心を広げ、このニューノーマルの世界に飛び込み、コミュニケーションの輪を広げていくべきだと思います。長いこと会っていない友達と久しぶりにオンライン飲み会を開催したり、本シンポジウムのような有意義なオンラインイベントに参加したり、自分が発信源になってライブ配信したりすることを通して、無限大に広がる「ニューコミュニケーション」を作っていきましょう。

一つ提案ですが、池袋の公園で開催された「漢語角」をオンライン開催に進化させるのはいかがでしょうか。それが実現できれば、喜んで「どこでもドア」を使って参加させて頂きたいと思います。

郭可純（かくかじゅん）

一九九五年、浙江省出身。中国人民大学外国語学部卒。二〇一五年の大学三年生の第十一回「中国人の日本語作文コンクール」にて二等賞を受賞、続いて二〇一六年の第十二回同コンクールにて一等賞を獲得した。第十二回受賞作は「「サヨナラ」は言わない」。テーマを見た瞬間に「知り合いの中井さんのことをヒントに書こう」と即断し、書くにあたっては「どのようにわかりやすく書くか」悩んだが、構成を練り、何度も推敲し、最終稿ができた時には大きな達成感を覚えたという。「この経験は私にとって成長のための一助になった」。現在、日本のコンサルティングファーム関連会社に勤務。趣味は、写真、旅行。

柔軟なマインドセットを備えよう

西安交通大学卒　陳　星竹

第11回　二等賞受賞

　二〇二〇年、新型コロナウィルス感染症の拡大で多くの人の人生が翻弄され、私も例外ではなかった。二〇二〇年の春学期には、修士論文の仕上げだけではなく、卒業手続きや引っ越しなどいろいろ煩雑なことが待ち構えていた。ところが、一月家族で旧正月を祝おうとしていた時、突然テレビで「新型コロナウィルスの発症」と「武漢ロックダウン」のことを知った。

　その後、感染が一気に拡大し、計画していたスケジュールが全て狂ってしまった。復学の日程が二月から三月に延び、さらに四月、五月へ。再び北京大学のキャンパスに戻ったのはなんと半年後のことだった。厳しい冬の間、厚い氷に覆われていた未名湖アイスリンクはすでに春の訪れとともに氷が溶け、「夏の姿」へと変わっていた。

ようやく卒論の発表を終わらせたが、大変なことはこれきりではない。十月入社予定の会社から、海外社員の入社が延期されるという知らせを受けた。中国のことわざに「計劃趕不上変化（計画は変化に追いつかない）」とあるように、この突然な一連の変化に、私は人生計画を建て直さざるを得なくなった。久しく落ち着いてゆったりとした町に住んでいたせいか、のんびりした性格の私は、初めて直面した大きな変化に不安でたまらなかった。しかし、友達に会えなくともオンラインでビデオ通話をしたり、先生の指導を受けられなくても定期的にオンライン会議を行ったりと、だんだんこの先行きが読めない生活に慣れてきた。

今振り返ってみると、新型コロナが教えてくれた一番大切なことはまさに変化に慣れること。つまり、私たちにとって社会状況を変えようとするより、自分の考え方を変えることの方がよほど簡単だ。常に変化し、新しい可能性に満ちた社会に慣れていくためには、若者のコミュニケーションの形も変化していかなければならなく、当事者である私たち青年同士も、柔軟なマインドセットを備えて、その変化を最初に受け入れなければならないと考えた。

ここで、新型コロナウィルス感染症の拡大中に私と友人との新しいコミュニケーションの形について、二つの例を挙げてみたいと思う。

一つ目は皆さんお馴染みの「オンライン飲み会」だ。昨年、東京大学に留学していた時、偶然にも東京都日中友好協会に「日中友好青年大使」として参加した。東京にいた時は、食事会でお互いに将来の夢や抱負を話し合い、短い時間ではあったが、信頼関係を築いていった。

しかし、今年は新型コロナの影響で、中国と日本どころか、同じ北京に住んでいる人とも会うこともできないため、オンラインイベントを開催することにした。

半年間にわたって行ってきた複数回のイベントの中で、一番印象に残ったのが「オンライン旅行」というイベントだった。冒険精神が旺盛な青年たちの中で、旅行マニアは少なくない。自由に身動きが取れないこの時期に、オフラインならではの旅行をオンラインに持ってくることで、旅行好きな人たちのニーズに応えることができた。イベントはわずか数時間ではあったが、応募した日中両国からのグループは憧れの旅行目的地を徹底的に調べ、お互いが国の魅力を伝えるために素晴らしいプレゼンテーションをしてくれた。参加者の一員として、ずっと机の前に座ってはいたが、心はすでに海の彼方へ飛んでいた。

そして、二つ目はオンラインワークスペースの活用だ。オンラインワークスペースとは、誰もがメッセージを送信したり、ファイルを共有したりできるコミュニケーションツールであり、日本や欧米でよく使われるSlackや、中国の「釘釘」など、ここ半年で世界の使用人数が急増してきた。

このようなツールはもともとオンラインで仕事をするために開発されたが、実は仕事だけでなく、友達同士のコミュニケーションにも大いに役に立つのではないかと私は考えている。

例えば、新型コロナで在宅の日々が続く中、私は哲学書に興味を持ち始め、友人と一緒に「哲学について語ろう」というテーマでSlackのワークスペースを始めた。哲学に興味がある友人をこの仮想空間に招待し、自分の意見を自由に述べてもらい議論の場を作った。私たちは時に、興味深い記事をシェアしたり、様々なテーマを巡って議論をしたり、さらに質問をすることで、外出できなくても他人との交流を続けていた。

はじめに入社延期の通知が来た時、私は入社を来年まで待つのか、それとも中国で就活をするのかという二者択一を迫られ、本から答えを求めようと「人生と選択」に関する文章を読み漁った。

自分の気持ちをSlackのワークスペースでみんなに打ち明けると、「様々な状況において、自分なりに考えて、その時点でベストと思える選択をしてきたことは違いない。しかし、その時点で未来を見通すことができたわけではなく、将来振り返ってみると、選択した時点では予期していなかった出会いに恵まれるかもしれない」とのメッセージをもらった。同じような経験をした彼らの言葉を聞いていると、気持ちがとても楽になり、難しい選択に立ち向かう勇気を持ち始めた。

これからの私たちの人生は、あらゆる変化に満ちているに違いない。その変化は常に起きるどころか、技術の進化に伴ってどんどん増えていくのだろう。世界中のどんな専門家にも、ハイスピードで変化する社会の未来を正確に予測することはできない。そこで、働き方にしても、若者としてのコミュニケーションの取り方にしても、古いやり方をどんどん書き換えてもいいのではないか。青年同士の交流の形を柔軟にとらえれば、先行きが不透明な時代を乗り越えることはそれほど難しいことではないと私は信じている。（それにしても、友達とリアルに会うのが楽しみでたまらない！）

陳 星竹（ちん せいちく）

中国山東省済南市生まれ。西安交通大学外国語学科卒業、北京大学大学院日本言語文学研究科修士課程終了（修士（文学））。二〇二二年に都内のコンサルティングファームに入社予定。第十一回「中国人の日本語作文コンクール」二等賞、朝日新聞賞。第十二回全中国日本語スピーチ大会優勝、日経新聞賞。

コロナ禍で在宅期間中に、メディカルツーリズム関連のベンチャー企業にてインターンを始め、中国人の訪日観光事情や医療事情に関する執筆、社内勉強会などを通じて、ポストコロナの日中間ビジネスの新たな在り方を探索中。二〇一九年大学生観光まちづくりコンテスト最優秀賞。最近は絵描きに絶賛ハマり中。

オンラインでも積極的に繋がろう

会社員　池松 俊哉

第3回 最優秀賞・中国大使賞受賞

現在私は、コンビニエンスストアの本部で商品開発や原料調達等の仕事をしています。二〇二〇年三月、新型コロナウイルス感染症の拡大により、中国からの鶏肉供給がストップするかもしれないとの情報を受け、すぐに中国の三工場へ連絡しました。すると、二工場で従業員の出社率が六〇％となり、製造が追いついていないことがわかりました。それから毎週二回必ず工場へ連絡し、お互いの状況を共有しあいました。「ニュースで報道されている内容は本当なの？」や「大丈夫？　身体を何よりも大切にね」等、日々の連絡を通じて理解しあい、困難の中でも共に頑張っていこうという気持ちで繋がれたように感じました。

今思えば、それまではそれほど頻繁に連絡を取り合ってはいませんでした。これは、新型コロナウイルスによる唯一の産物だったかもしれません。半年以上経った今もまだ工場は完全に回復しておらず、現地にも行けていませんが、日々の連絡で心の距離だけは近くなったように思います。おかげで鶏肉の供給危機も難を乗り切ることができました。

今回「第三回中国滞在エピソード」に応募させていただいた作品は、仕事の中で中国産の商材と出会い、中国産の現場を訪れた際のエピソードをまとめたものです。

正直私自身、中国へ行くまでは中国や中国産のものに偏見がなかったとは言い切れませんでした。しかし、実際に現場を訪れて中国の方の優しさに触れ、自分が中国や中国産への誤ったイメージを持っていたことに気づかされました。そこで、イメージだけで物事を決めつけてはいけないと感じ、それを多くの人に知ってもらいたいと思い、作文には「百聞は一見に如かず」というタイトルを付けました。一度自分の目で見て感じれば、きっと新たな発見があり、中国をより身近に感じ、より親しみをもつことができると思ったからです。

今までは距離が遠いからと自分に言い訳をして、中国の工場にあまり連絡を取ろうとしていませんでした。しかし、お互いを理解して助け合うために、こういう時こそコミュニケーションが大切だと思います。最近はオンラインで顔を見て話し合うこともできますし、商品開発の際には動画を共有することもできます。

コロナだからと言って何もしなくては何も始まりません。「百聞は一見に如かず」を胸に刻んで行動するのであれば、今はオンラインでも実行可能なのです。世界中の仲間とオンラインを通じて繋がっている今、自らが積極的に動きさえすれば、きっと相手も応えてくれるはずです。そして、その一歩がより良い世界へと繋がっていくのだと思います。

池松 俊哉（いけまつ としや）
一九八八年東京都生まれ。二〇一一年筑波大学生命環境学群卒業。二〇一三年筑波大学大学院生命環境科学研究科博士前期課程修了。二〇一三年～現在、大手コンビニエンスストアにて原料調達・商品開発を担うマーチャンダイザー。二〇〇九年「地球にやさしい作文・活動報告コンテスト」（読売新聞社主催）で内閣総理大臣賞受賞。第三回「忘れられない中国滞在エピソード」で最優秀賞・中国大使賞を受賞。
趣味は自然観察・保護活動。

「中国好き」認める若者同士の関わりを

看護師　岩崎　春香

第3回　一等賞受賞

受賞作について

コンクール参加理由

忘れられない中国滞在エピソードの本を読み、多くの人が知らない中国の良さを改めて感じ、自分の体験も多くの人に知ってほしいと思ったため。

受賞作品の内容概要

二〇二〇年一月二十三日、武漢封城。あの前後に、医療ボランティアとして私に出来たこと、同僚達の決断、実際の空気感を感じてもらう内容にまとめた。

まとめ

まずは日本でも感染拡大しており、その中で第一線で新型コロナウイルス患者さんの治療にあたる全ての医療従事者に、この場をかりて敬意を表します。

そして、このような素敵なコンクールを開催してくださっている日本僑報社の皆さんに感謝の意を表します。日中間の往来が自由に出来るその日を思いながら、自分ができることをコツコツと続けたいと思います。ありがとうございました。

ポストコロナ時代の若者交流

現　状

まずはポストコロナ時代とは何か、明確にしたい。

三菱総合研究所によると、「ポストコロナとは、世界的なコロナ感染拡大を境に価値観や行動様式の転換が起き、社会に定着する期間を指す」。

行動様式についてはマスクの着用やフィジカルディスタンス、会食の自粛などが言われているが、価値観については様々な意見が出ている。藤本航平氏（若者研究マーケッター）が「若者たちが感じるリアルとバーチャルのギャップは、上の世代に比べれば小さいといえる。しかし、協調性を重視する世代だからこそ、人と人とのつながりを求める若者も多いのだ」と話しており、対面では会えないが、繋がりを求める、というのが現状であると私は考える。

解　決

繋がるというのは、とても感覚的なものだと思う。私自身は中国関連の知人とオンラインで北京の思い出などを話していると「わかりみが深い……」などど感じることもあり、そういうときに人と人との「繋がり」を感じる。そのようなオンラインでの繋がりが、孤独感を感じやすい現在の社会状況にも必要なのではないだろうか。

まとめ

現状日本の対中好感度は決して高くなく、「中国を好きでいる自分に自信を失う若者」も少なくないのではないか。そういう中で中国を通した繋がりで、「中国を好きでいる自分」を好きでいられるような、若者同士の関わりなどが求められるのではないか。

岩崎　春香（いわさき　はるか）

日本での看護師経験後、二〇一八年四月から日本国際協力機構の青年課外協力隊（現ＪＩＣＡ海外協力隊）事業に参加、二〇一八年八月より北京市中日友好病院国際部にて外来を中心に看護師ボランティアとして活動。二〇二〇年一月末に新型肺炎の影響で緊急帰国。二〇二〇年六月現在神奈川県新型コロナウイルス感染軽症者宿泊施設にて看護師業務に従事。

第三回「忘れられない中国滞在エピソード」一等賞を受賞。

ネットを通じ増え続ける日中若者交流

動画クリエイター　久保田　嶺

第3回　二等賞受賞

受賞作について

コンクールに参加した理由

私は中国のインターネット上で、中国の方々に向けて日々動画発信の活動をしています。

大変ありがたい事に、今ではフォロワーの方々も数十万人いて下さります。しかし、もちろんそのフォロワーの方々の九九％が中国の方です。

そこで、常日頃からの願いでもあった、日本人の方々に向けて自分の活動や想いを伝えるという事が、このコンクールでは実現出来ると思い、参加させて頂きました。

受賞作品の概要紹介

作文の内容は、中国と私の出会い、そして現在の私の取り組みや想いについてです。私は二〇一六年春にひょんな事から中国で仕事をする事になりました。しかし当時は中国語も全く話せず、中国文化への理解もなく、本当に何も出来ませんでした。そしてその会社は一年後に倒産、私も日本へ帰国致します。

しかしその後、中国に向けた動画配信の活動を始め、今では生活のすべてを中国にささげていると言ってよいほど(笑)、中国関係の活動に熱中しています。今の私の目標はもう一度中国に行き、そこで仕事をし、とにかく中国人の方々に恩返しすることです。そんな私と中国の物語を短く書かせて頂きました。

まとめ

昔から本を読むことが大好きで、まさかこの様に自分の文章が本に掲載され、日本全国の書店にならぶことは、非常に嬉しく興奮しております。

また、今回の受賞の事を、私の中国のファンの方々も非常に喜んでくれており、中には「作家」と私を呼んでくださる方もいます(笑)。

本当にこのような素晴らしい機会を頂けたこと、日本僑報社の皆様、また関係者の皆様に心より感謝致します。

日中の若者交流について

現在の若者交流における現状

ここで突然ですが、私の毎日のモーニングルーティーンをご紹介させて頂きます。

YouTubeで良く見るあれです(笑)。

まず朝八時半に起きた後、ベッドの中で私が一番初めにすること、それは中国のSNSの自分のアカウントを一気に見ることです。哔哩哔哩(ビリビリ)動画から微博、そして西瓜視頻、最後にTwitterも見ます。自分の発信した動画や文章に寄せられた中国の皆様からのコメント、ダイレクトメッセージを見ます。おそらくこの時間が私の生活の中で一番幸せな時間だと思います。

最近であれば、私が鳥取県で松葉ガニを食べるという動画を出しましたので、「私も鳥取県に行きたい！」というコメントを頂きました。私はそれに「カニは確かに美味しい、でも他には何もないです」と冗談交じりで返信をします。彼女からは「哈哈哈哈学びました」という返信が来ました(笑)。

つまり何が言いたいかと申しますと、現在のインターネット時代、日中の若者交流は歴史上一番といってよいほど、盛んに行われていると個人的には思っています。

オンライン

今は、私の様に中国のインターネットで活動する日本人は毎日のように増えています。先日ではお笑いタレントの陣内智則さんも哔哩哔哩動画にアカウントを作成し、公式に動画を発信しております。

また逆にYouTubeでは在日中国人の方々が、日本人に向けて中国文化を伝える動画を発信しており、皆さん数万人のフォロワーを抱え大人気となっております。

まとめ（私の意見）

以上の事から、確かにコロナウイルスの影響があり、実際に日本人が中国に行くこと、中国の方が日本に来ること、それ自体は難しくなっております。しかし、オンラインを通じた日中若者の交流はコロナ禍でも増え続けており、そしてこの流れは今後も増え続けると思っております。

私自身は、出来るだけ早くもう一度中国へ行くチャンスをつかみ、そこで生活をし、動画発信等の活動を続け、将来の日中交流を引っ張っていけるような存在になりたいと思っております。本日ご参加の皆様、今後いろいろな場面で一緒に何かさせて頂く機会があると思います。どうぞ引き続き何卒宜しくお願い致します。

久保田 嶺（くぼた れい）
一九九一年埼玉県入間市生まれ。二〇一六年中国上海に渡り、現地の人材紹介業に携わる。一年後帰国。二〇一七年ホテルで勤務する傍ら、個人で中国向けに動画配信を開始。主にビリビリ動画やWeiboで活動をし、ファン数は十七万になる。中国でもう一度生活することが夢。
二〇二〇年、第三回「忘れられない中国滞在エピソード」で二等賞を受賞。

行動力と適応力で時代に合った交流を

同志社大学四年生　有田　穂乃香

第3回　三等賞受賞

受賞作について

コンクールに参加した理由

中国人の友人が日本語作文コンクールに応募するというので、「日本人が応募できる作文コンテストはないか」と思い調べたところ、本コンクールの募集を知りました。北京留学を通じて抱いた中国への印象と実体験を一人でも多くの人に知っていただきたいと思い参加を決めました。

受賞作の概要紹介

作品の内容は、留学先の北京で触れた中国人の温かさと、中国に対するイメージギャップを中心に書きました。

中国初上陸が長期滞在だった私にとって、北京での生活は目新しい光景ばかり。日本で報じられる中国社会のイメージとのギャップを感じたと同時に、若者にはメディアの情報を鵜呑みにせず自分の目で確かめてみてほしいという想いを込めました。

まとめ（感謝）

この度は三等賞に選んでいただき、誠にありがとうございます。当時就活真っ只中で隙間時間を縫って書いた作品ですが、このような素敵な賞をいただき、応募して良かったと心から思います。社会に出てからも、日中両国の魅力を発信していきたいです。

ポストコロナ時代の若者交流について

現在の若者交流における現状

新型コロナウイルスという未曽有の事態で各国が混乱に陥る中、日中の学生だけでなく世界中の若者の国際交流の機会が減ってしまいました。

私は大学で、留学生のための国際交流サークルに所属していますが、緊急帰国した留学生も少なくなく、今年度の留学生新入部員はわずか一名でした。

解決策や各大学の取り組み（事例）

苦境にいる私たちができる身近な取組はオンラインで繋がることです。

私は毎週、中国人二人、日本人二人の交流会をZoomで開催していますが、この魅力はバラバラの場所にいる四人が繋がれることです。訪れたことのない南京の学生とオンラインで繋がることで、留学先の北京では知りえなかった知識も増え、より各地の文化を学ぶことができます。

また、北京語言大学の日本語学科の学生が二十人規模の日中交流会を企画するなど、会話・なぞなぞ・チーム対抗のゲームを通じて、対面交流と同じくらい仲を深めることも可能です。

まとめ（私の意見）

今年度、留学中止の影響を受けた学生は多いと思いますが、新型コロナウイルスのせいにして交流を諦めるのではなく、自ら行動を起こせばいくらでも機会は掴めると思います。Zoom交流だけでなく、Twitter・WeChatなどのＳＮＳやインターネットを通じて、自ら出会いを求めに行く若者も少なくありません。今の若者に求められているのは、行動力と適応力だと私は感じます。オンライン上でランゲージパートナーを作るなど、この時代にあった交流の仕方が求められるのではないでしょうか。

有田　穂乃香（ありた ほのか）
同志社大学法学部法律学科四年生。大学入学後に中国語を学び始め、一年半の独学でＨＳＫ五級を取得。大学のサークルでは、留学生の語学力向上支援など国際交流に尽力している。二〇一八年台湾・中正大学に短期留学、翌年は北京・清華大学に交換留学。二〇二〇年同志社大学外国語 honors（外国語科目成績優秀者表彰制度）受賞。
二〇二〇年、第三回「忘れられない中国滞在エピソード」で三等賞を受賞。

視野広げ勇気もらったSNS交流

高校生　鈴木あいり

第3回 三等賞受賞

受賞作について

コンクールに参加した理由

　私の通っている高校では中国語の選択授業があり、中国語を教えてくださっている中国人の先生にこの作文コンクールがあることを教えていただき、ぜひ参加してみたいと思いました。私は去年日本の高校生代表として、日中ティーンエイジアンバサダーに参加した時の経験と感じたことをもっと多くの人にも知ってもらう良い機会だと思ったので、応募させて頂きました。

受賞作の概要紹介

作文の内容は、去年参加したティーンエイジアンバサダーの日中小大使活動で体験したことや、実際に自分の目で見て感じたことなどについて書きました。中国を訪れたのは初めてでしたが、同年代の子達との交流や文化体験などを通して、学校やテレビから知る情報は本当に一部分でしかないのだということを肌で感じることができました。また、これからの日中関係をより良くしていくために、十代の私達ができることは何かなどについて書かせて頂きました。

まとめ（感謝）

この度は、賞を頂けたこと大変嬉しく思います。普段から中国語を教えて貰っている先生方には貴重な経験をする機会を与えて頂き、改めて感謝の気持ちでいっぱいです。また、この作文コンクールを主催して、尚且つ私の作品を選んでくださった関係者の方々にも感謝申し上げます。ありがとうございました。これからもより一層中国語の勉強に励んでいきたいと思います。

ポストコロナ時代の若者交流について

現在の若者交流における現状

私の高校では毎年多くの交換留学生を受け入れたり、海外の学生との交流を行っていましたが、昨今のコロナの影響で今年は全く活動ができなくなってしまいました。また、海外の大学に進学した先輩達も、幸い行くことは出来たのですが、二週間の隔離により入学が現地の学生より遅れたりと、学業にも影響は出ていると思います。

解決策や各大学の取り組み（事例）

大学側のコロナ対策としてオンライン学習の需要が急激に増えている中で、全ての学生が不自由なくWiFi設備やパソコンを使える環境を整えるべきだと思います。日本はまだ世界に比べてオンライン学習の環境が劣っていると聞きました。技術の進んでいる国を見習って、積極的に取り入れていくべきだと思います。

まとめ（私の意見）

先日私はある中国語スピーチコンテストに参加させて頂き、幸い優勝することができました。そして世界大会に進めることになったのですが、例年なら世界大会は中国本土で開催されていたのですが、今年はコロナの影響でオンライン開催となってしまいました。各国の選手のみんなと実際に会うことはできなかったのですが、大会期間にSNSなどを通して交流を重ねていくうちに、とても仲良くなることができました。言葉も文化も全く違う国の人達が、中国語学習者という共通点を通して、お互いを励ます姿にとても勇気をもらいました。このような時代だからこそ、うちに引きこもるのではなく、視野を広げて積極的に行動していけば、今まで以上にたくさんの事を学べると思います。コロナが終息した後も、こうした交流が続いていくような基盤づくりを今のうちからしていきたいと強く思いました。

鈴木 あいり（すずき あいり）

東洋大学附属牛久高等学校三年。二〇一八年三月茨城県牛久市立下根中学校卒業。二〇一八年四月茨城県東洋大学附属牛久高等学校入学。高校一年生から中国語の勉強を開始。高校二年生の時、日本中国ティーンエイジアンバサダー事業に参加。第十六回中国語スピーチコンテスト茨城県大会朗読部門で優秀賞、関東支部主催第二十五回高校生中国語発表大会弁論の部で最優秀賞を受賞。第三回「忘れられない中国滞在エピソード」で三等賞を受賞。

国境越えるオンライン留学実現を

早稲田大学四年生　高橋　稔

第2回 三等賞受賞

受賞作について

コンクールに参加した理由

北京大学への一年の留学後、同じくこの作文コンクールの受賞者であった兄から話を聞き、興味を持ちました。その後、段躍中先生が毎週日曜日に西池袋公園で開催している「日曜中国語サロン」の存在を知り、民間人同士が気軽に交流できる場を提供するという活動に大いに共感しました。そして私も、一人の留学生の視点で日中交流の最前線に立って感じたことを少しでも多くの人に知ってもらいたいと考え、参加しました。

受賞作の概要紹介

作文の内容は、地理的には近いけれど心理的には遠い国・中国へ交換留学を決断し、そこでのエネルギー溢れた若者との交流を中心に書きました。一つは、文化・学問を通じた交流で、若者同士の文化交流の促進を図るため、国際交流基金が主催するフォーラムに参加した際には、交流した湖南大学の学生がディベートで私たちと対等に意見を通わせることに驚き、刺激を受けました。また、スポーツを通じた交流もしました。友人の輪を広げるため北京大学のソフトボールチームに入り、中国人学生と一緒に汗を流しました。次第に多国籍な部員が一つになったチームは、二〇一九年春の大会で初めての準優勝を成し遂げました。中国に行って数多くの若者を目にして感じたこと、そして、そこから得た収穫を今後の社会にどのように活かすか、などを書かせていただきました。

まとめ

昨年は、三等賞に選んでいただき、誠にありがとうございました。

まずは、日曜中国語サロンという異文化交流、異文化理解の場を通じて、このように日中交流を考えるきっかけを与えてくださって、感謝の意を申し上げます。昨年七月の第六百回記念に参加できたこと、大変光栄に思います。これからも日曜中国語サロンの活動を応援してまいります。

ポストコロナ時代の若者交流について

現在の若者交流における現状

若者交流の影響力が最も大きく表れているのは海外留学ですが、新型コロナウイルスの影響で、渡航先の入国規制に伴い、海外留学が不可能となってしまった学生が多いと聞いています。私が所属している早稲田大学の学生も交換留学から予定を切り上げて帰国したり、決定していた交換留学をあきらめたり、これからの留学計画を練り直したり、大いに不安を抱えています。本当に残念なことだと感じます。

解決策や各大学の取り組み（事例）

そうした中、新たな留学の形として検討されているのがオンライン留学であります。自宅からでも画面越しに教師や生徒と会話することができます。若者層は新しいサービスに抵抗が少ないことから、オンライン授業やＳＮＳなどはどんどん使いこなしているようです。近年ではこういった最先端の技術によって、国際間の文化・教育での交流も増え、国境間の距離を縮めることができると思います。

例えば、文化とスポーツを通じた交流のシーンを以下のように考えます。

・行きたい国の三六〇度ＶＲ映像＋zoomなどのオンラインビデオ通話ツールを活用したオンラインの国際交流の場合、移動や距離という概念なく、国を超えて様々な人々とふれあい景色を案内してもらうことができます。ただし、触覚と味覚はまだ体感できないことです。

・体の動きをセンサーが感知するスポーツゲームやビデオ通話をしながら試合観戦ができますが、連携が難しい、一体感を感じづらいというデメリットがあります。

まとめ（私の意見）

国際交流はコロナ禍によってストップするどころか今後オンラインでもますます展開していくことが予想されます。

グローバル化している現代では、異文化交流、異文化理解が不可欠となっています。国際交流を通じて、異なった文化に触れあうことによって、お互いに刺激を与えあうチャンスでもあります。身近な交流を基礎とした海外留学が自由にできるようになる日は、必ず来ると思います。その時に、海外の友達も作りやすく、勉強も楽しくなり、より充実した留学生活が送れるようになると思います。

国境、国籍、文化の枠を越えて、活発な相互交流を行う過程で、異文化交流と理解を深めながら、新たな価値観や文化を生み出すことを目指して取り組みにしていきたいです。

高橋　稔（たかはし みのる）

一九九八年神奈川県生まれ。早稲田大学商学部在学中。旅行の経験から中国を好きになり、二〇一八年八月から一年間北京大学へ留学。小中高と続けた野球、大学から始めたバドミントンを通して交友関係を広げた。上海のＩＴ企業でインターンを経験し、中国の経済状況を肌で体感。趣味は音楽鑑賞。

第二回「忘れられない中国滞在エピソード」で三等賞を受賞。

コメンテーターから日中若者へのメッセージ

「日中ユースフォーラム」コミュニティー作りの提案

白井 純
公益財団法人東芝国際交流財団顧問

発表者の皆さん、大変お疲れさまでした。

本日は皆さんとご一緒して、まず三つのことに感動しました。

一、皆さんそれぞれの良く構成された作文と、良く整理された発表。

二、デジタル技術を活用して、中国各地、日本各地、世界各地が繋がっていること。

三、二〇〇〇年前後に生まれた若い皆さんの新鮮で豊かな感受性と表現力。

特に三に関しては、一九五〇年代から生きている段躍中さんと私にとっては、とても嬉しく頼もしい感動でした。

ポストコロナに関しては、是非コロナ禍の奥にある現実を観て欲しいと思います。米国や欧州での人種差別。医療を受けたくても受けられない貧困層や難民の方々。社会、世界に広がる分断と対立。コロナはこうした現実を顕在化させました。

世界では最近、ＳＤＧｓ（Sustainable Development Goals 持続可能な開発目標）が話題になっています。ポイントは①産業革命以来の欧米型発展への反省と転換 ②欧米とは違う、中国や日本などの多様な価値観の発揮 ③国境を越えた人類全体の連携による推進だと思います。コロナ禍はこうした取り組みを加速する切掛けを人類に与えているのかもしれません。

皆さんはこれから、二十年、四十年、六十年と人生を切り開いて行きます。ポストコロナ時代の地球の未来を、是非力を合わせて創造してください。

最後に一つ提案があります。

今日ここに集まった皆さんの繋がりを一回限りのイベントで終われせるのは残念なので、WeChatグループを作っては如何でしょう。皆さんが中心になって、過去のユースフォーラム参加者、日本語作文コンテスト入賞者、中国滞在エピソード入賞者、そしてこれからこうしたコンテストに挑戦しようとしている人たちに声を掛け、「日中ユースフォーラム」コミュニティーを作る提案です。普段さんや私よりはるかにIT／SNSスキルが高く、若い皆さんが中心になってコミュニティーを育てて欲しいと思います。

本日は、素晴らしい時間をご一緒させて頂きありがとうございました。皆さんの益々のご活躍をお祈りいたします。

二〇一九年十一月二十九日

コンクール受賞から十六年後に叶えた夢

大連海事大学副教授、日本語学部主任　陶金
第1回「中国人の日本語作文コンクール」一等賞受賞

ご紹介にあずかりました大連海事大学日本語教師の陶金と申します。

第三回日中ユースフォーラムにお招きいただき、とても光栄に存じます。先ほど、学生の皆さんのご感想を聞かせていただき、感動した気持ちと、感心した気持ちでいっぱいです。

十六年前、まだ大学院生一年生の私が皆さんと同じように、段先生が主催された第一回作文コンクールに参加しました。当時のテーマは「昨日・今日・明日」だったと覚えています。あっという間に十六年間が過ぎてしまいました。今日の私にとって、十六年前は「昨日」のようでしたが、十六年後の今日（こんにち）は「昨日」思った「明日」にな

ったのでしょうか。私から見ますと、この十六年間、中日両国の関係はまだ多くの問題を抱えていますが、両国民とも、中日関係、そして問題の解決方法については、十六年前よりもっと理性的になったと思います。

今日、選手の代表として感想を述べてくださいと段先生に頼まれましたので、個人的な話もさせていただきます。私は二〇〇六年大学院を卒業して、作文コンクールとスピーチコンテストで入賞した多くの「大賞」のおかげで、順調に大連海事大学に就職し、大学の日本語教師になりました。そこで、毎年学生を指導して、作文コンクールにチャレンジしています。立場が変わって、選手から選手の指導教官になったとはいえ、作文が好きという気持ちは一日も変わったことがありません。日本語で文章を書いて、文字という架け橋を通して、本音を伝え、「中日友好」の熱意を持っている日本人の友たちに中国人の気持ちや考えを理解していただくことはとても有意義なことだと思います。中国人の日本語学習者としての使命だと覚えて、せっかく学んだ日本語で積極的に架け橋の役割を果たさなければならないとよく私の学生に話しています。学生たちも一生懸命頑張ってくれて、やっと作文コンクールで入賞できるようになりました。学生の成長を見守っていることは教師としての最高の喜びです。作文コンクールのおかげで、十六年前、自分が入賞したいという夢が叶って、十六年後、中日友好のために日本語の人材を育成するという夢も叶いました。感謝、感激しています。

最後に、長年中国人日本語作文コンクールの主催に力を尽くし、中日友好に大いに貢献した段躍中先生ご夫妻と事務局の方々に深く感謝の意を申し上げます。これから中国人作文コンクールの影響力がますます大きくなることをお祈りします。中国大連から応援します。今後ともよろしくお願いいたします。

二〇一九年十一月二十九日

コロナ後の日中関係、皆の力に期待

南京郵電大学日本語教師　小椋 学
第3回「忘れられない中国滞在エピソード」二等賞受賞

この度は忘れられない中国滞在エピソードコンクールにおきまして、私の作文を二等賞に選んでいただき、ありがとうございました。また、この素晴らしいフォーラムにご招待いただきまして、ありがとうございました。日中両国の若者が、それぞれの立場から述べた日中友好のための素晴らしいアイデアを多数拝聴することができて、私も大変刺激になりました。

実は私は今、中国の南京市で隔離生活を送っております。今日で二十四日目です。隔離生活は大変ですが、医療従事者や隔離ホテルのスタッフなどがとても熱心に働き、私たちの隔離生活を支えてくれました。中国ではこのように、みんなが協力してきた結果、安全に生活できるようになったのだと思います。そのことは今回中国人の学生のみなさんが書かれた作文からも感じることができます。中国人のみなさんの努力の結果、私は再び中国に戻って、以前のように仕事ができることになりました。

中国大使賞を受賞された池松さんがおっしゃった「百聞は一見に如かず」という言葉のとおり、実際に見て体験しないと分からないことがたくさんあります。私も中国で六年間過ごしましたが、みなさんの発表を聞いて、まだまだ知らない中国の魅力はたくさんあると痛感いたしました。私は今回の隔離生活を通して感じたことも、今後多くの日本人に伝えていきたいと思います。そして、みなさんがそれぞれの立場で力を出し合えば、アフターコロナの日中関係はきっと素晴らしいものになると信じております。ありがとうございました。

二〇一九年十一月二十九日

統括

コロナ禍だからこその感動

古谷 浩一
朝日新聞論説委員
（前中国総局長）

みなさんのお話を聞いて、とても感動しました。ありがとうございます。コロナ禍にもかかわらず、日中の交流についてもとても前向きなお話が多々あって、とても勇気づけられる思いです。

総括ではないですが、一つだけ、感想を話させてください。

みなさんの発表を聞きながら、この前向きさは何だろう。この言葉の力強さは何だろうか、と考えました。もちろん答えなどありませんが、ひょっとしたらと思ったことがありました。

それは何かと言いますと、李矜矜さんが宮沢賢治の「雨ニモマケズ、風ニモマケズ……」をもじった話をしてくれましたね。とても面白かったです。「南に疫病の人あれば、行って心配しなくてもいいと言い」なんて素晴らしい。何とも心が温かい気持ちになるユーモアを感じました。

日本の人は知っている人も多いかもしれませんが、あの宮沢賢治の「雨ニモマケズ」は作品として発表されたものではなく、賢治がメモ帳に単に走り書きで書き留めていた言葉でした。

メモ帳は今も残っていて、宮沢賢治の記念館で保存されています。それを見ると、印象に残る、書き殴ったような文字で「雨ニモマケズ」が書かれたページの裏には、いろんな別のことが書かれています。小さな文字でびっしりと。内容は何かというと、それは多くの人を元気づける「雨ニモマケズ」のような文章では全くなく、賢治が人生に悩み、苦しみながらつむいだ言葉でした。

かなしいこと。つらいこと。賢治は苦しい人生のなかで（賢治の人生について興味のある方は是非、彼のことを調べてみてください）、メモ帳にその悩みを記しました。賢治の書いた「雨ニモマケズ」やほかの多くの作品が、いまも人々を励まし、勇気づける力強い内容であるのは、あのメモ帳の裏のページにある賢治の悩みの深さがあるからではないかなと私は思います。

つらい思いをした人こそが、他人を力づける前向きな言葉を発することができる。そんなことはないでしょうか。

話を元に戻しますと、今年、わたしたちは誰でもコロナ禍によってつらい思いをしたと思います。みなさんからはコロナ禍だからよかったこと、といった前向きな話もありましたが、正直言えば、コロナなんて嫌なことばかりだったと思います。それはみなさんの作文を読んでも、すぐに分かることです。

それでもみなさんは前向きな言葉を発しました。どうでしょう。賢治の言葉と同じではないですか。

今年、みなさんの言葉は例年にも増して輝いていました。それはコロナ禍だったから、というのも理由の一つなんじゃないかなと私は想像します。

みなさんが感じたつらいこと、それが力になって、みなさんの言葉を強くしたのでは

……。だとしたら、それは本当に、素晴らしいことなのではないかなと。間違っていたら申し訳ないのですが、そんなことを思ってしまいました。

改めて、きょう、この感動をくれたみなさんに感謝します。そして、毎年、日中ユースフォーラムという、素晴らしい場を設けてくださる段躍中先生、そしてそれを支える人たちのご努力に心から感謝を述べたいと思います。ありがとうございました。

二〇二〇年十一月二十九日

特別収録

第3回 忘れられない中国滞在エピソード 表彰式

2020年11月29日㈰ オンラインにて開催

主催 日本僑報社

後援 **中華人民共和国駐日本国大使館、読売新聞社**

（公財）日中友好会館、（一財）日中文化交流協会、（公社）日中友好協会、日本国際貿易促進協会、（一財）日中経済協会、日中友好議員連盟、（一社）日中協会、中国日本商会

孔鉉佑大使のメッセージ
代読：鄒健・中国大使館三等書記官
Duan Press

第三回「忘れられない中国滞在エピソード」
表彰式開催にあたり

孔鉉佑大使からのメッセージ

第三回「忘れられない中国滞在エピソード」受賞作品集の出版にあたり、中国大使館を代表して、受賞者の皆さま、そして、日本僑報社および関連団体の皆さまに、お喜びとお祝いを申し上げます。

「忘れられない中国滞在エピソード」コンクールは関係者のたゆまぬ努力により、年々成長をし続けてきています。三年目となる今年のコンクールに、合計二百十九本の応募作品が中国、日本、フランス、チリなど四カ国に在住する日本人の方々から投稿されています。応募者の居住地域で言えば、過去最多です。また、応募者の職業も国会議員、会社役員、団体職員、公務員、大学教師など、社会各界を網羅することとなっています。さらに、年齢層も九歳の小学生から定年退職者まで幅広く及んでいます。

そして何よりも、特筆すべきなのはバラエティーに富んだ応募作品の内容です。実体験で語る新中国七十一年間の発展、中国産品質への再認識、「三国志」との出会いで迎えた人生の転機、中日間の悲惨な戦争の歴史への自らの探究、貧困脱出に命を捧げた中国地方幹部への感心など、どれも読者に感動を与え、人々に中日関係を深く考えさせるテーマです。また、新型コロナウイルス感染症対応をめぐるエピソードも多数寄せられており、それらの作品の中では、感染症という共通の試練を前にする中日両国国民の「一衣帯水、同舟共済」および「山川異域、風月同天」の精神が生き生きと語られています。

多くの応募者は、中国そして中国人と触れ合う前後の対中感情の変化に言及しており、口をそろえて「百聞は一見にしかず」と感心しています。まさに、中国での自らの体験を通して、初めて中国の発展の脈拍に触れ、中国人の親切さと気さくさを肌で感じ、メディア報道の影響で、ステレオタイプ化した中国認識の殻を打ち破ることができました。

国の交わりは民の親しみにあり、こういった認識の好転が必ず国民感情の改善につながり、両国関係発展の民意的基礎を打ち固めるものとなるでしょう。

現在、中日関係は改善と発展の勢いを保っています。この間、習近平国家主席と菅義偉首相が電話会談をし、双方は政治的相互信頼を絶えず増進し、互恵協力を深化させ、人的文化交流を拡大し、新しい時代にふさわしい中日関係を構築することで一致しました。新しい情勢のもとで、中日両国の民間交流がよりいっそう活発になるものと確信しております。

今回の作品集の刊行で、より多くの日本人の方々が、「等身大」の中国を認識し、中国そして中国人と進んで触れ合い、自らの全面的で客観的な「中国観」を持つことを希望しております。また、皆さんの積極的な行動で、両国国民の相互理解のさらなる深化と中日関係の持続的な改善と発展が実現できることを祈念し、私からのお祝いのメッセージといたします。

二〇二〇年十一月二十九日

中華人民共和国駐日本国特命全権大使

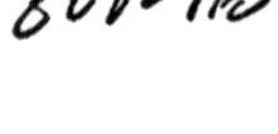

第三回「忘れられない中国滞在エピソード」表彰式開催にあたり

二階俊博自由民主党幹事長よりお祝いの言葉

二階 俊博
自由民主党 幹事長

日本僑報社主催第三回「忘れられない中国滞在エピソード」コンクールの表彰式が、本年、オンラインを通じて盛大に開催されますことを心よりお祝い申し上げます。

また、入選作品集『中国産の現場を訪ねて』のご出版、重ねてお慶びを申し上げます。

本日の表彰式に際し、受賞者の皆様にお祝いを申し上げるとともに、本コンクール開催にご尽力された日本僑報社、孔鉉佑大使閣下をはじめとする駐日中国大使館、並びに関係者の皆様に心から敬意を表します。

本コンクールを通じて、中国滞在経験者の皆様には「日中の懸け橋」として、そのかけがえのない体験を広く発信し、より多くの人々と共有していただきたいと思います。また、読者の皆様には、本書を通じた〝追体験〟により、中国に一層の関心を持ってくださることを期待しています。

日本と中国の相互理解、相互交流がますます深まり、新しい時代にふさわしい日中友好が促進されることを心より祈念しお祝いといたします。

二〇二〇年十一月二十九日

自由民主党 幹事長 二階俊博

ご挨拶

後援団体を代表して挨拶する読売新聞社の幸内康国際部次長（画像右上）。本コンクールの活動に対し、「素晴らしい取り組みであり、高く評価します。受賞作品集の内容には感動しました」などと語った

特別賞を受賞した海江田万里衆議院議員は、受賞の喜びを語るともに、本コンクールなどを通じた日中交流を引き続き支援していくと表明した

特別賞を受賞した矢倉克夫参議院議員。この日の表彰式と続く第3回「日中ユースフォーラム」の開催による青年交流の促進について喜びを表すとともに、自身の中国留学時代に得た一番の宝が多くの友人たちとの交流であったことなどを紹介した

最優秀賞（中国大使賞）を受賞した池松俊哉さん。受賞作については「一回行けば（誰もが）私のように中国のファンになる。そのことを伝えたかった」と語った

中国滞在エピソード友の会「中友会」にご参加を

武田 勝年
元三菱商事常務執行役員・中国総代表、
中友会アドバイザー

「忘れられない中国滞在エピソード」の活動がますます発展し、本日第三回表彰式が開催されたことを大変嬉しく存じます。受賞された方々に心からお祝いを申し上げます。今回は、二百件を超えるエピソードの応募がありました。幾つかの作品を読ませて頂きましたが、いずれも中国滞在中の貴重なご経験、中国の友人達との交流、中国での多くの発見などが生き生きと書かれており感動致しました。「友好の基礎は民間にあり」と言われる通り、皆さんの応募作品の中には日中友好の神髄が詰まっていると感じました。私も自分の駐在時代を思い出して感慨深いものがありました。

日本僑報社では、「中友会」（中国滞在エピソード友の会）を立ち上げる準備をされています。中友会は、中国滞在のご経験のある方々の自由な交流の場となることを目指しています。日本に帰国した後、何らかの形で中国との接点を持ち続けたいと希望している方々に中国関連の様々な情報をお届けし、更に懇親会や食事会で会員或いは中国の方々の交流を深めること、専門家の講師をお招きして一緒に勉強すること等が企画されると聞いております。

段景子社長、段躍中編集長が頑張っていますので、是非、皆様にもご参加頂きたいと思ってご案内を申し上げます。宜しくお願い致します。

二〇二〇年十一月二十九日

＊中友会のご案内は一六六頁をご参照ください。

閉会のご挨拶

応募者の広がりが日中関係の明るい希望に

第1回「忘れられない中国滞在エピソード」一等賞受賞

瀬野 清水
元重慶総領事

本日は「忘れられない中国滞在エピソード」コンクールの晴れの表彰式、まことにおめでとうございました。このコンクールは今年で三回目ですが、二年前の第一回目は九十三作品中四十人が入賞、去年の第二回目は二百九十三作品中七十人が入賞しているのに比べると、今回はコロナ禍の影響もあり、二百十九点と前回より応募作品が少ないにも関わらず、過去最多の八十人もの入賞者がありました。このことは、それだけ優秀な作品が集まって甲乙つけがたかったことの表れと思います。

応募作品が減少したとはいえ、今回が前二回と比べて大きく進化している点がいくつかあります。一つは、応募者の居住地が日本の他、中国やフランス、チリといったところにまで、地球規模の広がりを見せるようになったことです。年齢層も九歳から九十歳まで、文字通り親子四世代の大家族のような構成で、特に小学生から大学生まで、学生の応募が全体の二割以上を占めており、会社員や主婦などの若い世代を入れると半数近くになるのではないかと思います。このように若い人たちが、中国で体験した優しさや感動など、これだけはどうしても誰かに伝えたいという思いでペンを執ったことは、将来の日中関係に明るい希望をもたらしてくれるものです。

今回のコンクールのもう一つの大きな特徴は学生や会社員や主婦に混じって、学校の先生、医療従事者、童話や小説作家、書道家、ネットで中国向けの動画配信をしている若者や一人芝居で戦争の愚かさや平和の尊さを訴え続けておられる女優さんなど、まるで日本社会の縮図のように、様々な分野で活躍している人からの応募があったことです。

このコンクールのすそ野の広さと中国という国の懐の深さを感じさせてくれました。

審査の結果で、たまたま一等賞とか三等賞とかの区別がつけられていますが、どの作品もかけがえのない素晴らしいエピソードであり、応募者全員が最優秀賞でも不思議ではありません。そのため、読者の皆様には、できるだけ何等賞とかのところは見ないようにして、気になったテーマや作者のプロフィールを参考に、好きなところから読み始めるのが良いのではと思います。どこから読んでも、笑いあり涙あり、新鮮な驚きがあります。

例えば、全国に一万四千店舗もある大手コンビニ会社で食品の調達をしている責任者が、初めての訪中で中国の生産現場を見て回ったところ、今までに見た世界の工場の中でも五本の指に入るくらい品質管理や衛生基準のレベルが高かったというエピソードは、中国の当事者が語ったのでは宣伝にしか聞こえませんが、商品を買い付ける日本人の厳しい目を通して語られていることで大きな説得力をもって伝わってきます。一方で二年前に中国の深圳に移住したという青年は「トイレに仕切りのないニーハオトイレとの出会い」や「食事の前に茶碗を洗う文化」に驚いたと言い、深圳のような近代都市でも数十年前の古き中国が残っていることにほっこりとさせられます。マスクを贈ったり贈られたりと、共にコロナ禍を乗り越える中で友好の絆を深めたお話や、青年海外協力隊の一員として日中友好病院で中国の医療従事者と共にコロナと闘った日本人看護師の話は涙無くしては読めないエピソードでした。最後になりますが、このコンクールの主催者である段躍中さんは一九九六年に日本僑報社という出版社を夫人の張景子さんと二人で立ち上げ、この二十四年間に三百冊を超える書籍を出版しておられます。一冊出版するだけでも大変な労作業ですが、それを三百冊以上も出版し、日中の相互理解増進に尽力しておられるご夫妻を私は心から尊敬しています。今回出版された作品集もぜひ一人でも多くの人に読んでもらい、中国のありのままの姿が読む人の心に伝わってほしいと願っています。以上私の感想と希望と段躍中さんへの感謝の言葉を述べて閉会のあいさつに代えさせて頂きます。

二〇二〇年十一月二十九日

第1回「日中ユースフォーラム」

第14回受賞作品集『中国の若者が見つけた日本の新しい魅力』刊行記念
「日本のここが好き！
これが好き！」を語る
作文コンクール受賞者囲む交流会
2018年 11月24日(土) 14:00〜16:30 (13:30〜受付)
報告者「中国人の日本語作文コンクール」受賞者
丁亭伊さん
(第10回3等賞)
陳星竹さん
(第11回2等賞)
郭可純さん
(第12回1等賞)
朱杭珈さん
(第12回3等賞)
史蕊さん
(第13回3等賞)
尚童雨さん
(第14回3等賞)
【審査委員】
岩楯嘉之元日中交流支援機構事務局長
高柳義美元日本語教師
【支援者】
小島康誉 新疆人民政府文化顧問
※当日、小島先生の新著『中国新疆36年国際協力実録』を30名（先着）に贈呈
【司会】
段躍中
日本僑報社編集長、日中交流研究所所長
(第10回受賞作品集)
(第11回作品集)
(第12回作品集)
(第13回作品集)
(第1回中国滞在エピソード作品集)
『中国新疆36年国際協力実録』
(第13回受賞者と小島康誉氏)
[主　催] 日本僑報社 http://jp.duan.jp/

第１回「日中ユースフォーラム」の一部参加者による記念写真

日本僑報社主催・第十四回「中国人の日本語作文コンクール」の受賞作品集『中国の若者が見つけた日本の新しい魅力――見た・聞いた・感じた・書いた、新鮮ニッポン！』の刊行を記念し、現在日本に留学などで滞在する歴代受賞者を囲む交流会「『日本のここが好き！　これが好き！』を語る」が十一月二十四日㈯午後、東京・豊島区の西池袋第二区民集会室で開催された。

交流会のテーマは、最新刊の受賞作品集にちなんだ「『日本のここが好き！　これが好き！』を語る」。

歴代の受賞者である、丁亭伊さん（第十回三等賞）、陳星竹さん（第十一回二等賞）、郭可純さん（第十二回一等賞）、朱杭珈さん（第十二回三等賞）、そして今年の第十四回コンクールで三等賞を受賞した陳詩雨さん、尚童雨さんの六人を迎え、それぞれが考える「日本のここが好き！　これが好き！」「私が見つけた日本の新しい魅力」などについて語ってもらった。

また、一昨年の第十二回コンクールで最優秀賞の日本大使賞を受賞し、今年四月から関西学院大学大学院に留学している白宇さんらは書面で日本体験談を報告した。

交流会にはゲストとして、作文コンクールの審査委員である岩楯嘉之氏（元ＮＰＯ法人日中交流支援機構事務局長）、高柳義美氏（元日本語教師）、支援者の小島康誉氏（新疆ウイグル自治区政府文化顧問）、港区区議会議員中前由紀氏、立志会前理事長五十嵐貞一氏らが出席した。

その中で、書面で報告した白宇さんは、来日当初、自分の日本語が日本人の店員に伝わらなかったことに大きなショックを受けたという。しかし、その経験を通して「自分の変なプライドを捨て、留学生活では『わかりません、教えてください』という謙虚な姿勢が大事だということに気付いた。その日から、私は『知らない単語ノート』を作り始めた。知らない単語があったら、すぐメモを取って、また整理して壁に貼り、覚えるようにしている。焦らないで！」と一層努力を重ねる日々について紹介した。

また、その日本語が通じなかったエピソードと感想をまとめ、朝日新聞の読者欄「声」に投稿し、掲載された（二〇一八年八月三日付）こと、夏休みに関西学院大学の学生による「西日本豪雨水害ボランティア活動」に参加し、土砂の掃除を手伝ったことなど、充実した留学生活を送っている現状が報告された。

交流会ではこのあと、歴代受賞者たちが日本の印象や体験談を交えて、会場の参加者と和やかに交流した。

受賞者体験談

焦らずに諦めずに

関西学院大学大学院　白宇

第12回 最優秀賞・日本大使賞受賞

一、はじめに

今年の四月に、日本留学の夢が叶い、私は日本に来た。絶対に多くの先生方と友達、そして家族の期待を裏切らないように、一生懸命に頑張って行こうと心の中で何度も何度も自分に言い聞かせていた。でも、何を頑張るのだろうか。勉強？　就活？　正直に言うと自分もよくわからなかった。たぶんただ「頑張る」という言葉にはもう慣れているだけだからかもしれない。きっとそうだろう。

そんな漠然とした考えに伴い、私の留学生活は始まった。関西に来るのは初めてではあるが、意外なことに関西弁は全く聞き取れないことはなく、むしろ面白くて親しいと感じた。道を歩いていると、「あかん」、「せやで」…関西弁がいっぱい聞こえてきた。その一瞬、まるで自分の見ていたドラマや映画の世界に入ったように、わけがなく、ただただ胸が高鳴り、ワクワクし始めた。これからの留学生活もきっと楽しいだろうと私はぼんやりと考えた。

二、自分の日本語は通じなかった‼

留学に来る前に、中国の大学から日本語を学び始めて五年半。中国に来る日本人と交流していた時も、日本語スピーチコンテストや作文コンクールで優勝して日本を訪れた時も多くの日本人から私の日本語や振る舞いを褒めてもらった。実際、彼らと交流する時、コミュニケーションに困ったことは殆どなかった。いつしか褒められるのが当たり前だと思うようになっていた私はその点で「日本語が専門だから！」と自信を持っていたのだ。

しかし、その安易な考えは留学が始まってすぐ打ち砕かれた。携帯電話の契約に行ったとき、私の発した一言目で、担当のスタッフの顔が険しくなり、話を進める中で「まだ日本語はあまりわかりませんか」と言われ、次の日、髪を切りに行くと、「どんな風に切りますか」と聞かれ、はっきり答えられないままでいると、「日本語があまりわからないようでしたら、髪を切ることはできませんが……」と言われ、大きなショックを受けた。

結局は契約もできたし、髪を切ってもらうこともできたのだが、「日本語わかりますか？」と本気で心配されたことに、私は少し悲しくなった。そして、心のゆとりも無くなってしまったことに気づき、もっと悲しくなったのだ。

留学経験のある日本の友人にこの話をしてみると、自分がなぜそういう経験をすることになったのかよくわかった。私の日本語は中国人も含めて外国人と接し慣れている日本人と話すときにはほとんど問題がない。なぜなら彼らは外国人、中国人の話す日本語の癖を知っているため、多少不自然な日本語で話してもうまく意味をくみ取ってくれるからだ。そのことに気づかなったのは私の過ぎたプライドのためだと思う。

この経験を通して、自分の変なプライドを捨て、留学生活では「わかりません、教えてください」という謙虚な姿勢が大事だということに気付いた。その日から、私は「知らない単語ノート」を作り始めた。知らない単語があったら、すぐメモを取って、また整理して壁に貼り、覚えるようにしている。焦らないで！

三、研究はとても大変だ!!

言葉の問題はさておき、今度は研究の問題が出てきた。

日本での研究分野は日本語教育である。中国ではゼミの授業に参加したことがなく、留学に来てから、初めてゼミの授業を受けた。ゼミは私にとって非常に新鮮なものでとても楽しみにしていた。指導教師は初日の授業で「極楽」という言葉について教えてくれた。どんなことをやっても、極めて楽しもうという意味だ。極めるって何だろう。その時の私にはまだその意味が理解できていなかった。

それから、「地獄」の院生生活が始まった。まず、一番痛感したのは読書の量があまりにも少なかったことである。大学四年間日本語が専門で、文法や単語だけに集中して勉強してきた私は、ほとんど日本語以外の分野の本を読んでいなかった。日本語の勉強といっても、本当に日本語教育に関する研究の論文や本を読んだのも少なかった。そのため、担当の先生から指定された本を読んでも理解できないところが多くて、授業中に先生の使っている「私にとっての専門用語」がたくさん出てきて、まったく意味は分からなかった。

そして、研究テーマを決めることである。留学前に二年間ぐらい日本語塾でバイトをしていた。そこで、中国人学生の日本語を学ぶ時によく間違えた文法が印象深くて、それについて研究しようとまたも安易な考え。指導教師にそれを伝えたら、あっけなく断られた。私の研究したいことはすでに研究し尽くされて、自分の「出番」はないということだ。先行研究を調べずに先生に伝えたのは今になって思えば、いかにばかばかしいことだろうか。

その後、二カ月間悩まされて、テーマだけは見つからなかった。先行研究を調べるときに、内容を理解することでもう精一杯で、やっと理解したところで、つい著者の言っていることを鵜呑みにして、新しい発想はなかった。「自分はもしかして研究に向いてないかも」。この声は自ずと耳に響いていた。

すると、江里佳先生（大学時代の日本語の先生＝作文コンクールの指導教官）はずっと前に話してくれた言葉を思い出した。「白さんはまだまだいろいろなことをいっぱい吸収できる潜在能力を潜めている人だと思います」。苦しみの中で、この言葉はどれだけ私に力と勇気を与えてくれたかわからない。唯一分かったのは私にはまだまだいっぱいできることがあり、ここで絶対あきらめてはいけないことだ。一度読んだ論文や本をもう一度読んで、指導教師と相談しながら、研究テーマはやっと決まった。

研究は本当に大変だ!! でも、絶対あきらめないで！

四、楽しみもいっぱい溢れる私の留学生活

日本語の問題や研究などでいろいろ挫折しているが、このように多くの人に助けてもらいながら、成長していく。そして、私の留学生活には「よくやった」と思うことも多かった。ここで、ぜひいくつか紹介したいと思う。

まず、上で紹介した日本語が通じなかったエピソードと感想をまとめて、朝日新聞社の「声」のコラムに投稿して、載せてもらったことだ（二〇一八年八月三日）。決まった時は言葉でも表現できないほどうれしかった。日本で初めて自分の気づいたこと、思

ったことを新聞で、多くの人に伝えられたからだ。ここでも、秀夫先生に原稿のチェックをしていただいた。中国にいても、日本に来ても、二人の先生はずっと見守ってくれている。感謝の気持ちが言い尽くせない。本当にありがとうございました。

次に、八月に中国で行われた「二〇一八年日本語誤用及び第二言語習得研究国際シンポジウム」に参加したことだ。まだ日本語教育の知識が不足しているが、指導教師の紹介でこの学会に参加してみて、多くの先生方の発表を聞いて、大変良い勉強になった。もちろん刺激もたっぷり受けた。いつか自分もこのような学会で発表できるようにもっと努力しないといけないとその時の感想。

また、日本に戻った後に、夏休み中に関学の学生による「西日本豪雨水害ボランティア活動」に参加し、倉敷市へ行った。今年の日本は災害が多くて、せっかく日本へ留学に来ているので、ぜひ自分の力を少しでも入れたかったのだ。現地に行ったら、悲惨な現場を目にして、災害の広さと怖さが分かった。災害支援専門ＮＰＯの方と一緒に、家の壁を剥がす、水や土で汚れた地面を掃除するなどの作業をやった。大変だったが、とても良い経験となった。参加した学生の中に私一人しか留学生がいなかったが、グループの何人かの日本人の学生と深い交流ができて、いい思い出になった。支援の継続が重要で、これからも自分の「できること」を考えて、行動に移りたいと思う。

最後に、六月から大学コンソーシアムひょうご神戸が主催している外国人留学生によるインターンシップに挑戦して、実習先の「兵庫県国際交流協会」で実習を受けた。「多文化共生を考える研修会」、「ふれあいデー」、「国際フロンティア産業メッセ二〇一八」などのたくさんのイベントでお手伝いをさせてもらった。このようなイベントを通して、日本人の危機管理について大変勉強になり、非常に深い印象に残った。例えば、研修会の前にスタッフみんなで「お手洗いがどこにあるか」、「安全出口はどこにあるか」一つ一つ確認しながら、準備に取り組んだ。それだけでなく、常に第二プランを考えて、余裕を持って、行動を取っている。自分もこれからこのような危機管理を念頭に入れて、勉強や仕事に生かして行きたい。

五、終わりに

以上は私の留学生活の報告である。躓いたことはもちろんたくさんあったが、楽しいこともいっぱいある。失敗したことから学び、頑張ったことから更に知識を吸収していく。これからもきっと更なる困難がくるはずだ。怖がらずに焦らずに諦めずに逞しく成長していきたい。遠くないうちに、「あの時のおかげで……」と思える日が必ず来ると信じている。

最後に、この場をお借りして、ずっと支えてくれている、見守ってくれている丹波秀夫先生と丹波江里佳先生に感謝の意を申し上げたい。二人の先生のおかげで私はいま日本にいるのだ。肌で日本を感じているのだ。そして、段先生からいつも心温かいご支援をいただいて、「日中友好交流」は口だけではなく、行動で証明することだと再認識できた。また、第六回宮本賞論文コンクールに一緒に参加した共同執筆者の坂井華海さんは私が戸惑う時、多くのアドバイスをしてくれて、励ましてくれた。皆さん、誠にありがとうございました。

「初心を忘れずに」。

二〇一八年十一月二十三日、下宿にて

从一本获奖作品集说起

関西大学大学院　邱吉

谈起我跟日语作文比赛的缘分，得从三年前首次访问日本时得到的一本获奖作品集说起。

二〇一五年三月十日至三月十七日，在中日友协的带领下，我作为中国大学生访日代表团的一员首次访问日本，期间访问了东京、京都、奈良，并在奈良明日香村寄宿了一晚。初次访日便给我留下了美好的回忆，当时我便树立了将来一定要来日本留学的目标。

就在回国的前一晚，日中友好会馆给我们举办了欢送晚宴，晚宴上我首次听到了日本侨报社社长段先生的演讲。段先生在演讲中向我们访日学生介绍中国人日语作文大赛

第13回　一等賞受賞者

的举办状况及其国际影响力，并希望我们回去之后都写一篇投稿。晚宴前每个人的座位上都放了一本作文比赛的获奖作品集，我现在还清楚的记得我当时收到的书是第九届〝中国人の心を動かした「日本力」〟这一本，至今我仍收藏着。

当时仅仅学了一年多日语的我觉得这个作文比赛离我很遥远，没想到却因此与作文比赛结下了不解之缘。

我参加比赛是毕业之前的一个学期，其实我从未想过自己能获奖，参加投稿只是为了弥补毕业前一定要参加一次的愿望，没想到幸运的女神向我招手了，我竟然获得了一等奖，这份幸运一直伴随着我走进了日本驻华大使馆并登上领奖台，并且让我顺利通过了安田财团的面试，为我在日本的留学之路奠定了坚固的基石。与作文比赛结缘，可以说从投稿，获奖，再到通过财团面试，它真真切切地带给了我极大的改变。

这一路走来，仿佛做了一个很美的〝梦〟，温家宝总理曾经说过〝仰望星空与脚踏实地〟，总理希望我们既要有远大理想、内心要有崇高的追求，同时也要求真务实，身体力行。我会以此为契机将这个〝梦〟继续延续下去。

二〇一八年十一月十八日晚上十一点从东京回到大阪，结束了两天的东京之行。

此行目的有两个，一个是参加安田财团的研修会，一个是拜访日本侨报社段跃中先生，相信了解作文比赛的同学都会对段老师不陌生。

总有这么一些人，他们不求回报，在中日友好之路上辛勤耕耘，讲述中国故事，只为他人做嫁衣。我想段老师便是其中一位，从首届作文大赛到现在第一四届，从首次〝汉语角〞到现在五百余次，纪念中日和平友好条约签订四十周年举办首届《难忘的旅华故事》征文比赛等，这一路走来着实令人钦佩与感动。

交谈中，段老师和张老师向我们介绍了举办日语作文大赛的心路历程，从首届到现在的获奖者衣着等变化，两位老师都不经感叹改革开放给祖国带来的巨大变化，从话语中我能深切感受到两位长者对我们这些追梦的孩子饱含着期望。同时，十一月二十四日将会在东京举办作文比赛获奖者交流会，段老师希望我们届时未能到场的同学能够提交一份书面报告，特此提笔写下这篇感想文。

我是第十三届作文比赛获奖者，也因此成为了安田财团的奖学生，谈到安田财团，相信参加过作文比赛的同学都不陌生，安田财团支持和鼓励有留学日本梦想同学到日本学习和深造，每个月提供十万日元的奖学金，最长达四年，总共四百八十万日元的奖学金。

今年一月份得知自己获得了安田财团的奖学金的时候，我已经在日本关西大学攻读硕士学位，于是我在四月份便迅速办理了财团的入团手续。这份沈甸甸的奖学金，对于我来说无疑是一根救命稻草，因为相比国内在日本留学需要一笔相当大的支出，拿着这份奖学金，我可以解决掉自己在日本的生活问题，让我在学习上能够投入充足的时间。正如段老师所说〝一篇作文改变人生〞，我觉得这句话在我身上得到了实现。

正因为这份奖学金解决了我的经济压力，让我不兼职也能在学习研究上投入充足的精力，因此也收到了丰硕的成果。比如我在北京参加了北京外国语大学研究生论坛并发表论文，在罗马参加了罗马大学研究生论坛并发表论文，在杭州参加了〝世界图纹与印记〞国际学术研讨会……

不到一年时间能收到这些成果，除了要感谢我的师长之外，我觉得最需要感谢的是段老师，他十几年来默默无闻地为我们这些追梦的孩子提供日语作文比赛这样一个平台。

因为这个平台，让我有了底气去追逐自己的梦想。因为这个平台，让我在作文比赛中获奖，因为这个平台，安田财团向我抛出了橄榄枝。当得知自己获得奖学金之后，本科母校浙江工商大学和其他新闻媒体对我进行了报道，瞬间自己变成了被关注的焦点，说实话我其实很惶恐，害怕自己配不上这个奖项，因为我觉得还有很多比我优秀，比我努力的人，他们也在为自己的梦想努力着。

至今我仍时刻警醒着自己，〝越努力，越幸运。〟我相信每一个为梦想奋斗过的人，岁月都将对他温柔以待！

谨以此芜文，与君共勉！

二〇一八年十一月二十日

邱吉同学（左三）在第13届颁奖典礼和日本驻华大使等合影by中新社

正是这场比赛，这篇作文，彻底改变了我的人生

広島大学大学院　史蕊

第13回 三等賞受賞者

二〇一六年四月，从外教口中我第一次听说了由日本侨报社主办的〝全中国日语作文大赛〟，并提交了自己的第一篇应征稿件。在老师的指导下，获得了佳作奖，这对于学习了一年半左右日语的我来说，无疑是一种巨大的鼓励。于是在第二年，我毫不犹豫地继续参加了第十三届全中国日语作文大赛并获得了三等奖。

本是抱着锻炼自身专业能力的想法参加了这个比赛，却万万没想到，正是这场比赛，这篇作文，彻底改变了我的人生，为我的学习生涯带来了宝贵的转机。

〝全中国日语作文大赛〟是全国范围内规模最大的日语类专业竞赛，能在几千篇作文之中被选中我感到十分荣幸，并对日语学习更加有信心与兴趣了。在比赛之中获奖之后我成功获得了国家奖学金等一系列奖项。

在第十三届作文大赛之后，在指导老师的带领下，我与两名本校学妹一起前往北京日本驻华大使馆参加了颁奖仪式，这不仅开阔了我的视野，让我有机会见到了许多优秀的老师以及同学，更将〝安田奖学金〟带到了我面前。

由于在作文比赛中取得三等奖，我获得了安田奖学金的资料审查及面试资格。但要想在八十多位优秀的日语学习者中获得奖学金无疑是非常困难的，因此我对被选中其实并没有抱太大希望。

面试前的半小时，我刚刚从十小时左右的火车上下来抵达北京，匆匆换上正装便打车赶往面试地点。当时的自己抱着〝积累面试经验〟的想法接受了面试，可能正因为这种放松的心态与面试老师们亲切的态度，我在面试中表现得更加自然与真诚。

二〇一八年一月，我收到了被采用为奖学生的通知，那一刻，真的是无法用语言来描述我激动的心情。所有情绪都只能化为一句略显苍白的〝感谢〟。可以说，安田奖学金给了

第13届颁奖典礼会场

我继续深造下去的希望与信心。

十一月十七日，安田奖学财团的研修会在东京举行。借此机会，我与几位前辈一起拜访了日本侨报社的段老师与张老师，并聊了许多关于比赛以及人生方向的话题。

两位老师亲切地称呼我们为〝孩子们〞，这让我十分感动，同时也充分感受到了两位老师对自己事业的无限热爱，让我肃然起敬。

告别了老师，我们匆匆赶往研修会会场，这是我第一次参加财团的集体活动，见到了许多来自世界各国的优秀奖学生，并彼此交换了联系方式。令我感到十分温暖的是，财团的老师们都非常温柔有耐心，鼓励着我们，教导我们成为更好的人。

我一定会谨记财团对我的要求，努力学习，以成为国家与国家之间友好发展的桥梁为目标，不断提升自己各方面的能力与素质。

现在的我正在广岛大学研究生院攻读硕士学位。我想，不管今后我在何方，在做什么，都不会忘记日本侨报社，不会忘记〝全中国日语作文大赛〟，不会忘记安田奖学财团，不会忘记所有曾给予过我帮助与鼓励的人。

因为这是我梦开始的地方，为了不辜负这些善良的老师们对我的期望，我会更加努力学习，用自己的努力回报所有人。

二〇一八年十一月十九日

日本で楽しんでね

静岡大学　呉　希雅

第14回 三等賞受賞者

皆様、こんにちは。第十四回作文コンクールで三等賞を受賞した浙江工商大学の呉希雅と申します。現在静岡大学で三カ月の短期留学をしています。今日は現場に行かないで、大変申し訳ありませんが、心からの話がいっぱいあるので、書面で皆様にシェアしたいと思っています。

五月の時、私は自分にとって一番大きな日本の魅力を作文の中に書きました。それは「何でも完璧にやりこなす」という魅力です。「えー、なんでそんな面倒な手続きばかりなの」という文句はよく日本にいる外国人から聞かれます。ですが、私はそう思いません。必要がないと思われる仕事をすることが仕事を完璧にできる秘訣だと思います。また、それも私は日本が人に安心される国だと思う理由の一つです。

これまで私の留学生活はすでに二カ月が経ちました。留学生として、私の日本に対する考えは豊かになったと思います。今日は自分の留学生活について皆様に話したいです。まずは先に言った安心感についてです。生活の便利さだけでなく、毎日ゴミがなくてきれいな道を見ると私は気持ちよくなります。また、留学に来てから、私は毎晩公園でジョギングをしています。最初の時は少し怖いと思いましたが、三回目ぐらいから周りの人がよく挨拶をしてくれて、時々「日本で楽しんでね、勉強頑張ってね」といってくれます。私は周りの人がみんな優しいと感じながら、心も落ち着きます。

また、この間に日本で生活しなければわからないことをたくさん知っています。その中には私を感動させることもたくさんあります。そして、一番感動した話は「日本で楽しんでね、勉強頑張ってね」と言われたことです。先日おでん屋に行った時、女将さんやお客さんたちと心置きなく語り合いました。静岡県と私が生活していた杭州は友好交流の関係がありますが、杭州のことをあまり知らず、中国については上海と北京しか知らない人がいます。そこで、私は彼らに中国についてたくさん話して、中国の魅力を紹介してあげました。最も感動したことは、最後にその名前も知らなかったお客さんたちが、私と友達を奢り、「日本で楽しんでね、勉強頑張ってね」といってくれたことです。確かに、日本に来てからこんな話はたくさんあります。今日もバスの中で隣の席のおじさんと中国のことを楽しく話し、お話を聞きました。彼はこの前中国の上海と蘇州に行ったことがあり、今度は新疆ウイグル自治区に行くつもりだそうです。にこにこしていたおじさんと話した時、私はここで生活している人たちがどのくらい中国のことを知っているのにかかわらず、中国から来た人にやさしいことがわかりました。

今の私にとって日本に来て一番良かったことは、日本の生活を体験し、知識を勉強する以外に、ほかの人に母国の魅力を紹介することです。今は留学生サークルに取り組んでいるので、日本人だけでなく、外国人たちにも中国に関することを話すチャンスが多いです。それは私にとってうれしいことです。また、彼らとの異文化の交流も私にとってとてもいい経験だと思います。

五月の時と比べて、今私が考えている日本のイメージはわずかに変わりました。もしもう一度私に日本の魅力を聞けば、日本は愛が満ちている国だと答えます。なぜなら、ここでは私が〝好き〟な人がいるからです。

初めて日本に来たのは今年の三月です。たった十日間の旅行で、私はもう一度ここに戻りたいという思いが芽生えました。今回は三カ月間の留学のため、時間が早くて十二月には帰国しなければなりません。名残惜しいですが、また来年研究生として日本に来ることを考え、これからもっと頑張ろうと思います。そして、両親を日本に呼んで一緒にこの国の良さを感じることも今私が今後やりたいことの一つです。

以上です。ご覧くださりありがとうございます。今後ともご指導、ご鞭撻を賜りますよう、よろしくお願い申し上げます。

二〇一八年十一月二十四日

第2回「日中ユースフォーラム」

東京大学・早稲田大学・一橋大学の学生と院生が参加

第二回
日中ユースフォーラム

コンクール受賞者囲む交流会

2019年 11月16日(土) 14:00～16:30 (13:30～受付)

報告者 「中国人の日本語作文コンクール」受賞者

張晨雨さん（第11回日本大使賞）　周 標さん（第11回3等賞）　白 宇さん（第12回日本大使賞）　朱杭珈さん（第12回3等賞）　張君惠さん（第12、13回1等賞）

討論者 「忘れられない中国滞在エピソード」受賞者

小嶋心さん（東京学芸大学学生）　合田智揮さん（東京大学学生）　高橋稔さん（早稲田大学学生）

【ご挨拶】
白井　純・東芝国際交流財団理事
中前由紀・港区議会議員

【コメンテータ】
佐藤則次・コンクール審査委員、元日本語教師
高柳義美・コンクール審査委員、元日本語教師
和田　宏・コンクール審査委員、前 NHK グローバルメディアサービス専門委員
中村紀子・日本語教師、「忘れられない中国留学エピソード」一等賞受賞者
横山明子・日本語教師、第二回「中国滞在エピソード」一等賞受賞者

【司会】
段躍中
両コンクール主催者、日中交流研究所長

（第11回受賞作品集）（第12回作品集）（第13回作品集）（第14回作品集）（中国留学エピソード作品集）（第1回中国滞在エピソード作品集）（第2回中国滞在エピソード作品集）

［主　催］日本僑報社・日中青年交流の会
［協　賛］東芝国際交流財団

第2回「日中ユースフォーラム」会場の様子

日本僑報社・日中青年交流の会主催、東芝国際交流財団協賛の第二回「日中ユースフォーラム」が十一月十六日㈯午後、東京・豊島区の西池袋第二区民集会室で開催された。

日本僑報社・日中交流研究所主催、在中国日本国大使館など後援の「中国人の日本語作文コンクール」は、二〇一九年で十五回目を迎え、応募者はそれまでに四万五千人超、受賞者は約二千五百人を数えた。すでに多くの受賞者が来日しているほか、各分野で大いに活躍している。

また、日本僑報社主催、駐日中国

大使館などの後援で日本人を対象とした「忘れられない中国留学・滞在エピソード」コンクールは、同年で三回目を数え、応募者は六百人超、受賞者は二百人近くとなった。中国人、日本人ともにコンクール応募者が年々その数を増していることから、両コンクールの受賞者にそれぞれの体験を語ってもらい、相互理解を深めると同時に、多くの方々に日中交流促進へのヒントを与えることができればとの思いから、フォーラムが開催されることになった。

フォーラム当日は東大・早大・一橋大の学生を含む日中の若者が会場に集まり、「中国の若者が見た日本とは」「日本の若者が感じた中国とは」「日中の若者たちはそれぞれどのように相手国について認識し、言葉や文化を吸収しているか」「どのように相互交流を深めているか?」「将来の夢について」など、出席者の話題は多岐に渡り、自由な意見交換が行われた。また、中国の大学で日本語を教える先生方も登壇し、日本語・日本文化の海外伝達の状況や問題点などについても討論した。

報告会の後は報告者を囲む懇親会が和やかな雰囲気で行われ、第二回「日中ユースフォーラム」は盛会となった。

報告者

朱　杭珈　一橋大学大学院生、第十二回「日本語作文コンクール」三等賞

張　晨雨　東京就職者、第十一回「日本語作文コンクール」最優秀賞・日本大使賞

白　宇　関西学院大学院生、第十二回「日本語作文コンクール」最優秀賞・日本大使賞

周　標　東京就職者、「日本語作文コンクール」第十一回三等賞

張　君惠　長沙中日文化交流会館副館長、第十二・十三回「日本語作文コンクール」一等賞

小嶋　心　東京学芸大学学部生、第二回「中国滞在エピソード」二等賞

高橋　稔　早稲田大学三年生、北京大学留学経験者

合田智揮　東京大学学生、第二回「中国滞在エピソード」三等賞

挨拶

白井　純　東芝国際交流財団専務理事

中前由紀　港区議会議員

コメンテーター

佐藤則次　元日本語教師

高柳義美　元日本語教師

和田　宏　前NHKグローバルメディアサービス専門委員

中村紀子　日本語教師、「中国留学エピソード」一等賞受賞者

横山明子　日本語教師、第二回「中国滞在エピソード」一等賞受賞者

総　括　**古谷浩一**　朝日新聞論説委員、前中国総局長

司　会　段　躍中　両コンクール主催者、日中交流研究所長

報告

私の「日本ノート」と日本留学の夢

一橋大学大学院生　朱 杭珈

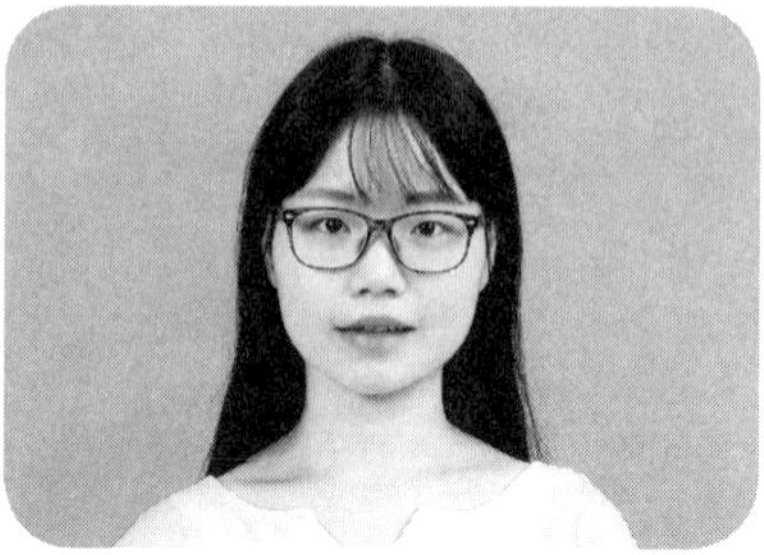

第12回 三等賞受賞

皆さん、こんにちは。一橋大学から参りました朱杭珈（シュ・コウカ）と申します。本日は、皆さんにお話できるという素晴らしい機会を頂き、主催の日本僑報社には心から感謝しています。

私が「日中ユースフォーラム」に参加するのは二回目になります。みなさんにどんな話をしようか考えてきました。前回は「日本との物語」というテーマでしたが、今日は「日本ノート」に決めました。ノートというものは常に更新されるので、今回は近況報告を含めて、皆さんに私の「日本ノート」を紹介していきたいと思います。

簡単に自己紹介させていただきます。顔が丸く、友人には「マルカ」と呼ばれています。現在、一橋大学で経営学について勉強しています。出身は中国の浙江省にある古い町で、山や川などの自然が豊かで、筍がおいしい所です。故郷が大好きで、故郷自慢になると話が止まらなくなります。

「日本ノート」の冒頭には、日本との出会いを書いています。高校時代、医者になる夢を抱いた私が、なぜ今ここに座って皆さんとお話しをしているでしょう。私も不思議に思います。人生は思い通りにいかなかったり、予想外の経験をしたりすることが常に起きています。七年前、中国での大学入試では高得点ではなかった結果、日本語学科に回されました。いやいやながら日本語の勉強を始めたのですが、次第に日本の文化や風景に魅了されていきました。そうなると、自分の目で見てみたいと思うようになり、「日本留学」が夢になったのです。しかし、経済状況に恵まれていない私にとって、その夢はまさに「雲の上の話」でした。

雲の上に昇るチャンスになったのは、「日本語作文コンクール」への応募や安田奨学財団との出会いでした。大学時代、日本人の先生から「作文コンクールで三等賞以上に入れば安田奨学財団の選考試験を受ける資格が与えられる」と聞いて迷うことなく挑戦しました。しかし、作文コンクールは、中国全土から毎年四千人以上が応募します。その中から数人しか選考試験を受けられないということで、私は二年連続で不合格でした。三年目でなんとか三等賞を受賞しました。

「日本留学」という目標はできても、どうしたら実現できるでしょうか。確実に達成できるという方法など、簡単に見つかるはずもなく悪戦苦闘の日々でした。一年目は「夢追い人」にしか過ぎませんでした。将来、どんな職業に就きたいのかもはっきりとした結論を出せないまま、「自分探し」を繰り返していました。ただ、「日本に行きたい」という気持ちだけは高まるばかりでした。二年目になって、日本人に中国語を教えたことから、日本で中国語教師になることはできるかもしれない、と思い始めました。三年目。失敗したら目標が夢で終わるということは自覚していました。選考結果が発表されるのは当時の十二月で、就職の時期が終わってからになります。このため、「滑り止め」と言うと、言葉に語弊がありますが、ひとまず上海にある日本企業に就職しました。三等賞に入ったと言っても、安田奨学財団の面接は一等賞、二等賞の受験生との戦いになります。正攻法で臨んでは勝ち目がないと考え、自己紹介の時に小学生以来、慣れ親しんでいた日本のアニメ「ちびまる子ちゃん」の手書き漫画をスケッチブックに描いて説明することにしました。私が彼女に扮して、「日本との物語」を案内するのです。その結果、選考に合格し、二〇一八年四月、日本留学が実現しました。日本語学校に一年間通って、今年の四月から大学院生になりました。振り返ってみると、何が幸いしたのか、自分でもはっきりした答えは分かりません。強いて言えば、どんなに成績が上がらなくても、将来設計ができなくても、「日本留学」という目標だけは捨てなかったことではないかと思っています。諦めたら、それまでです。「捨てる神あれば拾う神あり」という可能性があるかもしれません。偶然や幸運だけで実現したのでしょうか。そうだとしても、思い通りにいかないからと言って、諦めたことはありませんでした。他に、目標にすることがなかったことも幸いしたかもしれません。

大学院で勉強中ですが、数学や経済学の基礎が十分ではないので、講義になかなか追いつけないことや、討論の場で私の発言が無視されるという経験もしています。そうした中で、中国にある程度興味がある人と、そうでない人との付き合いの中身が全然違うと感じます。落ち込んだり、自信がなくなったりした時期もありましたが、大半のことは時間が解決してくれます。考え方が一致できない場合、全身全霊で向き合い、完全に相手の視点になりきるうちに、共感が生まれますよ。「空気を読みながら暮らす」という日本人のスタイルは理解できず、つらかったことはありましたが、思考パターンを認識すればそれなりの楽しみ方も見出せるようになったのではないかと思っています。

将来のことについても少しお話をします。私にとって、「日本留学」の夢は二年間の遠回りになりました。その間、上海で就職し、購買担当として日本本社の技術者と中国人サプライヤーの間で通訳することで、調整する機会に恵まれました。「速度優先」の中国側と「品質本位」の日本側の違いは大きく、感情的な対立もよく起きました。できる限り両立させるにはどうしたらいいか。日本の優れた技術を中国にどうしたら最速で生かせるのか。両国で進行する高齢社会を支援する機械の開発を始め、両国の協力を強化することは、双方の社会にも貴重な貢献ができるという問題意識を深めています。企業の得意分野を強化し、社会への貢献度合いを拡大できるような仕事に就きたいと考えています。

辛いことは、次にいいことが起こるための「フリ」です。二〇一八年四月に日本に来て、この一年半の間、本当に多くの出会いがありました。日本での生活は山手線のように内回りの「遊び線」と外回りの「勉強線」に分けられて充実した毎日でした。学業の難しさと日本風景をたっぷり味わえています。それは不思議なつながりを深めました。

最後になりますが、日中交流活動の在り方について、少しお話したいと思います。以前、日中の交流は「政府の仕事だ」と思っていました。しかし、日本語を勉強し始め、交流活動に参加してきた経験から、国と国との関係が悪化した時でも、民間レベルであれば交流自体は十分にできると信じるようになりました。

私は、日中交流活動は今私たちが食べている料理と同じだと思っています。活動の主催者は料理人、参加者はお客さんです。ですので、私にとって、作文コンクールは日中友好という料理の中の一品になります。この一品は日本僑報社や安田奨学財団を始め、多くの日中友好団体・個人、審査員、事務局の皆様が仕上げた「絶品」です。本日は、素人のグルメのような私の体験談を通して、作文コンクールの「美味しさ」「醍醐味」をご来場の皆様に伝えられれば、と思っています。美味しい料理を作りたいという意志があれば、誰でもいい料理ができるはずです。

最後の最後に、私を支援していただいた恩人たちへの「ラブレター」を今日の締めくくりにしたいと思います。「一編の作文は人生を変える」です。皆さんは私の人生を大きく変えてくれました。お陰様で、今このようにご来場の方々ともお会いすることができました。今後は、ただのお客さんとして料理を食べるだけではなく、料理人として美味しい料理を作る決意です。より多くの人の人生を変えるような「お返し」をしたいと念願しています。

以上、ご清聴ありがとうございました。

二〇一九年十一月十六日

「外」に対する好奇心を持ち、相互理解を促進しよう

東京就職者　張　晨雨

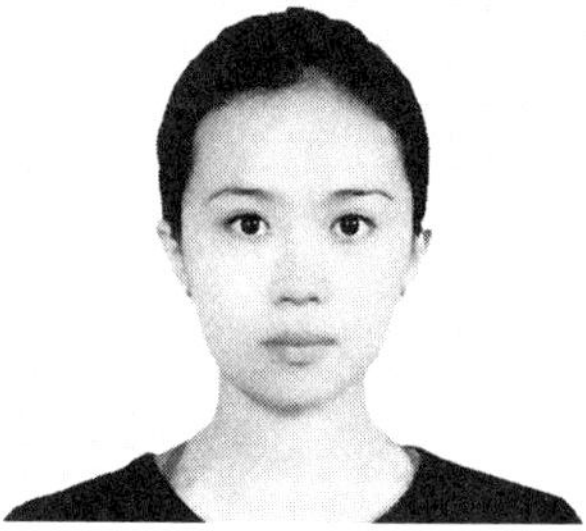

第11回 最優秀賞・日本大使賞受賞

皆さん、こんにちは。私は張晨雨と申します。お忙しい中、このイベントに参加してくださって、また、このイベントの成功を支えてくださっているが、来られなかった方々、心から感謝いたします。

五年前の同じ時期、私は「中国人の日本語作文コンクール」を参加しました。作文の最後に、「この目で本物の日本を見に行きたい」と書いていました。翌年の春、その夢を叶うために、私は広島大学に入学し、日本での留学生活がはじめました。学業はもちろん、しっかりと

頑張っていました。学業以外も、たくさんのことが私の頭に深い印象を残していました。

私はまだ大学院生一年の時、広島市内に英語で国際交流イベントにボランティアとして参加しました。卒業旅行に来た高校生と「平和は何か」をテーマとして交流会を行いました。少し情けないですが、交流の結果はもう覚えていません。ただ、高校生のみんなが精一杯自分の考えを伝えたい、外の世界を知りたいという様子に、私はすごく感心しました。その高校生たちから、初心を忘れずに、いつまでも「外」に対する好奇心を持つべきことだと勉強になりました。

外国語の勉強によって、その国の言葉、文化、国情を知ることができます。しかし、交流がなければ、人の心を理解することはできません。私の身近にも、日本のことをよく知らない中国人や、中国のことを怖がっている日本人がいます。彼らにはいつも「私の知っている日本人の方々は皆親切だよ」、「中国はとても美しい国だから遊びに来てください。案内するから」と誘っています。

この時代では、ネットで流れている情報が混在しています。ごく一部の特殊な例が人為的に普遍なこととして拡散され、その国及び国民に大きな悪影響を与えています。それこそ誤解の元だと考えています。そう考えると、中日友好の道は、茨の道かもしれません。ですから、私達はもっと民間の交流を重視しなければなりません。

僑報社主催のコンテストと漢語角の活動を通じて、両国の民間相互理解が更に促進され、日中民間交流がより深くなることを期待します。「万巻の書を読み、千里の道を行く」はそういうものです。

これからも、中日友好のために、「漢語角」の成功のために、心からのお礼を申し上げます。そのような、中日両国の人々が小さな感動を共有することで、両者の心の絆が深められることが、中日友好への道に繋がるのではないかと、考えるようになりました。中日両国の未来を背負う私達は、お互いの異なる文化を尊重しながら、相手の考え方や行動を客観的に評価できるというゴールに向かって、努力していきたいと思っています。

ご静聴ありがとうございました。

二〇一九年十一月十六日

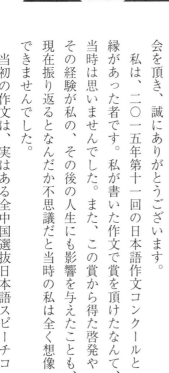

コンクールで実感した会話と異文化交流の力

東京就職者　周 標

第11回 三等賞受賞

こんにちは、周 標と申します。本日、このような機会を頂き、誠にありがとうございます。

私は、二〇一五年第十一回の日本語作文コンクールと縁があった者です。私が書いた作文で賞を頂けたなんて、当時は思いませんでした。また、この賞から得た啓発やその経験が私の、その後の人生にも影響を与えたことも、現在振り返るとなんだか不思議だと当時の私は全く想像できませんでした。

当初の作文は、実はある全中国選抜日本語スピーチコンテストでの経験をもとに作成したものです。あの機会で、他大学の同世代の日本人先生と知り合いました。中国に渡航する前の中国のイメージや渡航後の経験などのギャップの話を、この先生としました。それで、どう見ても普通だったと思われる話とそこから得た感想を踏まえた作文で受賞したことは、私にとってとても励みとなりました。なぜかというと、作文が評価されたということは、その中で描いた経験や感想が認められたことだと私が受け取りました。また、この経験と感想は、会話と異文化交流の力を確かに感じさせられたと思いました。ここの会話とは、もっと多くの人と話すことだけではなく、至って普通の話からでもその背後の情報を読み取る心がけだと思います。また、異文化交流もすでに知られている言葉ですが、ここでは、国の文化や現状等を、お互いの言語で伝えることによって言葉や時空の壁を越えて本当の交流を実現する意味合いです。

作文コンクールに啓発された私は、中国から出て異なるルーツを持つ人たちともっと交流し、中国のことを海外の人にもっと知ってもらおうと考えていました。そのため、私は二〇一五年に、日本に渡航し日本の大学で社会学を学ぶことを決めました。大学院生時代に、もっと多くの人に知ってもらいたく、中国社会の研究をしていました。それは、主に中国の農民工と彼らの子どもの社会的地位に関する研究でした。

しかし、中国社会のことを、日本の大学院で研究することは、思ったより難しかったです。先ほど、私は農民工という言葉を話したと思いますが、皆さんは何かピンと来ましたか。農民工とは何か、簡潔にいうと農村のルーツを持つ出稼ぎ労働者を指していきます。最初、研究室のゼミで研究の議論を進めるため、この言葉を説明するだけでも、非常に苦労しました。定義をバラバラで説明しても、戸籍制度などが分からないと理解してくれないことに気づきました。そこで、戸籍制度等の社会制度や農民工に関する詳細なデータを詳しく説明しました。ゼミ発表を何回も重ね、ようやく農民工のことを理解してもらいました。

また、会話の力を活用し、農民工の語りからその背後の実態を探ってみました。そこで、大学院生二年目の夏休みに、中国の深圳に一カ月の間に滞在しました。人材市場や工場の周辺でうろうろして二十代の農民工を探し、彼らにインタビューしたりしていました。拒絶や無視なども多くされましたが、彼らの研究をし、何か社会学的結論を出し知ってもらう人が一人でも増えたらという信念で頑張り続けました。その結果、十六名の農民工自分自身から語ってもらうようにできました。

最後に、インタビューをもとに、データ分析等をして作成した修士論文が非常に評価されました。他研究室の先生から、「周さんの論文を拝読し、ニュースでは中国今はすごく進んでいることはよく報道されていますが、それでも農民工や彼らの子どものような苦労している人たちがまだたくさんいることを知ることができ、とても感動しました」という感想を頂きました。その時、なんだか四年前に受賞した作文を思い浮かびました。会話や異文化交流の力を再び感じました。中国のことを自分なりの形で中国国外の人に伝えることは、少なくとも一歩を踏み出したじゃないかと思い、これまでの苦労を全部忘れてしまいました。

現在、会社員として働いてはいますが、これからでも、この理解や感動を届け続けていきたいと考えています。将来、中国社会の研究を日本で続け、日本語でさらに英語で論文を発表し、もっと多くの人に知ってもらいたいという夢は未だに諦めていません。また、日本の一般人向けの文庫書や学術書を中国語に翻訳し、多くの中国語読者に日本社会を理解してもらうことも考えています。

二〇一九年十一月十六日

作文コンクールを通じて学んだこと

長沙中日文化交流会館副館長　張　君恵

第12・13回　一等賞受賞

実はこの作文コンクールに参加するまで、作文を書くことを、ずっと負担だと思っていた。こんなに長い文章を書かなきゃと思うだけで、めんどくさい気持ちでいっぱいだった。しかし、作文コンクールに参加することで、自分が作文に対する考えが変わった。

作文を書くことで、始めて真剣に日本や日本人と向き合うことができた気がした。第十二回の応募テーマは、①訪日中国人、「爆買い」以外にできること　②私を変えた、日本語教師の教え　③あの受賞者は今——先輩に学び、そして超えるには？　の三つだった。テーマを見ると、いろいろ言いたいことは浮かんでくるが、いざ作文の形にしようと思ったら、考えの深さはまだまだ足りないんだと痛感した。

いいと思うなら、どこがいいか、なぜいいかを説明しなければならない。そして、自分がいいと思うだけではだめ、作文を読む人にもその良さが伝わらなかったらだめなのだ。作文の内容を考えて、書いて、直して、また更に深く考える中で、日本や日本人に対しる理解が深まっただけではなく、中国や中国人についてもしっかり考えることができた。作文は本当に自分の思いを具体化させるいいきっかけだなとつくづく思った。

私の応募作はずっとそばにいる恩師の中村先生について書いたものだった。二〇一四年八月八日に中村先生と一緒に中村ラジオというネットラジオ番組を作り始めた。先生が温かい声で読み上げた日本語文章と自分の思いを込めたおしゃべりが中国人の日本語学習者の中で注目を集め、リスナーがあっという間に増えていった。よくリスナーから「日中村先生の番組で元気になった」というメッセージをもらったが、それと同時に「中村本人への印象が変わった」といううれしいメッセージも寄せられるようになった。中村先生の声を世の中に届けることで、中国と日本の関係が一歩ずつよくなるかもしれない。私はもっとたくさんの人に中村先生の声を知ってもらいたくて、中村先生のことを作文に書いた。運よくありがたいことに第十二回と第十三回の作文コンクールで一等賞を受賞することができた。本当にこの作文コンクールに感謝している。

中国人の日本語作文コンクールは毎年十二月十二日に北京の日本大使館での表彰式、懇親会が行われる。この三年間、私は作文コンクールを通じて、様々な方に出会い、いろいろなことを学んだ。中日交流について、真剣に考えている同世代の若者に出会え、非常にうれしく思い、彼らの思いに共感を覚えた。

私たちは中村ラジオを通じて多くの人に中日友好の大切さを伝えてきた。インターネットを媒体とした番組はネットが届くところならば、無限に広がっていく。しかし、ネットにも限界がある。隣り合った人から感じられる温かさや深さはそこにはない。私はこの作文コンクールのおかげで、直接語り合える出会いの大切さを感じた。できるだけ人と関わりたい、私はさまざまなイベントにも参加するようになった。

昨年大学院を卒業して、ずっと一緒に頑張ってきた中村先生と湖南省の長沙で中日文化交流会館を立ち上げた。長沙が大好きで中国に詳しい中村先生をこの街に結び付ける。これが今の私の仕事だ。

段躍中先生によって十二年間、六百回以上も続けられている池袋漢語角を見習い、私たちも毎週土曜日の夜に長沙中日文化交流会館で日本語サロンを開いている。七歳から七十歳までの幅広い年齢層の日本愛好家たちが、日本語を話し、日本人と交流し、日本をより深く理解していく。今はまだ漢語角とは比べるものにもならない日本語サロンだが、これからも一回一回地道に回数を重ねていきたい。

うれしいことに、日本のフジテレビのドキュメンタリー番組「ザ・ノンフィクション」で、中村先生と私たちの活動が取り上げられ、二〇一九年十月二十日に放送された。たくさんの方から激励のメッセージをもらい、スタッフ一同、更に頑張っていこうと、気合が入っているところである。

二〇一七年の十二月十二日まで、私は檀上で皆さんから拍手をいただく幸運な受賞者だった。翌年の第十四回大会で、大学の後輩が一等賞を受賞したのをきっかけに、表彰式や懇親会の運営側の一人となった。長沙から交流会館のスタッフ全員で北京に向かい、段先生のお手伝いさせていただいた。お側で準備を進める中で、段先生がこの作文コンクールにいかに心血をそそいでいらっしゃるか改めて実感した。胸につけるバッジの字の大きさから、賞品を入れる袋の生地まで、先生は最善を尽くす努力をされている。賞状はあらかじめ受賞者の席に置いておくのではなく、全員の名前を読み上げ、一人ひとり、丁寧に渡す。表彰式後の懇親会では、大使館でスピーチするチャンスがなかった学生たちが受賞の感想を述べる機会を作る。段先生は誰にとってもすばらしい心に残る表彰式、懇親会を用意しなければいけないと私たちにご指導くださった。

受賞者から応援者に立場が変わることで、私は更にこの作文コンクールが持つ意義の重要性を感じることができた。先輩から後輩へ、与えられる側から与える側へ。一篇の作文が人生を変えるすばらしさ、コンクールへの感謝を次の代に伝えていく。中国人の日本語作文コンクールはますます大きなものとなるだろう。私はこのことを後に続く受賞者の皆さんに訴えたい。

長沙中日文化交流会館の日本語閲覧室には、この作文コンクールの受賞作品集が並べられている。時折ページをめくると、そこには中国の若者の思いがあふれている。この思いを私は日本の人に伝えていきたい。そして、中国の人に日本を知るきっかけを作っていきたい。このすべての思いは一篇の作文から始まった。本当に感謝している。

二〇一九年十一月十六日

あとがきに代えて

第三回「日中ユースフォーラム」開催に寄せて

日中青年交流の会事務局長　岩楯　嘉之

二〇一九年十二月十二日、北京の日本大使館において横井大使出席のもと行われた第十五回「中国人の日本語作文コンクール」表彰式。その時、その後に起こる新型コロナウイルスの世界的流行を誰が予測しえたでしょうか。

特に中国においては特段と厳しい条件の中で開催された第十六回「中国人の日本語作文コンクール」、日本国内では毎日のように流れる中国国内の感染状況、それに対する中国政府の対応としての外出の禁止、感染地区の封鎖、各企業はもとより学校の閉鎖……。

中国全土では人びとが一体となって新型コロナウイルスと戦っている環境で、今回はどれほどの学生が作文コンクールに参加できるか心配しておりました。しかし、いざ蓋を開けるとこれがうれしい誤算でした。中国全土の大学から三千四百三十八もの作品が寄せられ、どれも素晴らしい作品です。特に新型コロナウイルスとの戦いの状況は、自分自身の体験に基づいたものであるがゆえに臨場感にあふれたものばかりでした。

十一月二十九日開催された第三回「日中ユースフォーラム」の受賞者挨拶では、萬園華さんをはじめ六名の受賞者が、驚くほど流ちょうな日本語で内容やエピソードを紹介してくれました。

最優秀賞を受賞した萬園華さんは、作品の中で「冬は必ず春になる。各国の人々が手を携えて新型肺炎と戦えば、必ず勝利の日が来るだろう。いつか、二〇二〇年を振り返って、「ああ、あの時は本当につらかった。でも、みんなが一緒に頑張ったおかげで、なんとか乗り越えられた」といえる日が必ずやってくるはずだ」と述べている通り、感染症には全世界の人が一体となり、責任ある行動のもとに立ち向かわなければ克服出来ません。

自国のコロナ禍が収まると、拡大しているアフリカのルワンダに医療スタッフとして、行こうとした彭多蘭さんのお母さんや、娘に遺書を残して医療の最前線で戦った李羚羚さんの友人許さんのご両親など多くの医療関係者は、防護服など完備されない中で患者のために尽くしました。彭多蘭さん、李矜矜さんにとっては毎日が心配の連続だったことでしょう。

そして、陳朝さんの団地の北門の警備員さん然りです。

人間は非常の際に本当の姿が現れるものです。医者の息子さんが武漢の支援に行ったため、一人暮らしとなったお年寄りのドアの前の籠に、貴重な日用品や食料品を置いた孔梦歌さんの団地の人々の思いやりの心、劉昊さんと日本人学生とのマスクを通しての友情。

どれもメディアが取り上げない些細なことかもしれません。しかし、今回寄せられた多くの作品から、第一線で活躍している医療関係の人々の献身的な働き、それを支える周囲の人々、極端なもの不足の中での支えあいの心。作品を読むたびに目が潤み、口元がほころびます。

中国がいかにしてウィルスに立ち向かい、そして、感染を抑え込んだのかは、寄せられた多くの作品からくみ取ることができます。

しかし、世界はいまだ感染拡大が収まりません。残念ながら日本も同様です。そのため準備していた会場を取りやめ、オンラインでの報告会となりました。

初めてZOOMを使う中国国内の人々と、うまく繋がるのか心配でした。しかし、画面に次々と名前や顔が現れた時の嬉しさは、いかばかりか。中国国内はもとよりシンガポール、アメリカ、カナダなどからの参加を見ると、これからは会場とオンラインをマッチさせることで、世界中どこからでも多くの人が気軽に参加できる可能性を強く感じた楽しいフォーラムでした。

二〇二〇年十一月二十九日

主な日中メディア報道

朝日新聞
2019年11月13日

日中の相互理解へ　若者集う　16日池袋

日本語を学ぶ中国の若者と、中国語を学ぶ日本人学生が体験を語る「日中ユースフォーラム」が16日、豊島区の西池袋第二区民集会室で開かれる。誰でも参加できる交流イベントで、主催者が参加者を募集中だ。

日中の相互理解の促進を目的として15年間作文コンクールを開いてきた日本僑報社（豊島区）が主催。中国側からは過去に日本語の同コンクールに参加したことで日本の大学で学ぶ機会を得た留学生や、中国で日本の文化を伝える事業を興した若者が来日。日本側は、中国留学の経験がある学生が臨む。

同社編集長の段躍中さんは「日中の若者が相手国についてどのように考え、文化を吸収しているかを知る貴重な機会」と話す。

午後2時から4時半まで。参加は無料。希望者は氏名、連絡先を明記の上、件名を「11月16日交流会参加申し込み」として同社宛てにメール：info@duan.jpまたはファクス（03・5956・2809）で申し込む。

経済日報
2019年11月12日

第三届“日本人难忘的旅华故事”颁奖典礼暨“日中青年论坛”网上举行

苏海河 2020-11-30 15:11:37

由日本侨报出版社与日中青年交流会共同主办，东芝国际交流财团赞助的第三届“日中青年论坛”11月30日在网上举行。中国驻日大使孔铉佑和日本驻华大使垂秀夫分别发来贺词。

本次论坛邀请了“日本人难忘的旅华故事”征文比赛获奖者和“全中国日语作文大赛”获奖者讲述各自宝贵的获奖经历，在加深相互理解的同时，也为两国青年提供了思考促进日中友好的机会。前两次颁奖交流会均在东京现场举办，今年虽受新冠肺炎疫情影响，但为保持连续性改为网上举行，论坛受到各方高度好评。

论坛以“后疫情时代的青年交流”为主题，中方“全中国日语作文大赛”获奖者和日方“难忘的旅华故事”征文获奖者各6人作了报告。大家强调在新冠肺炎疫情限制两国往来的情况下，通过网络和社交媒体继续保持交流，了解彼此真实的姿态非常重要。

東京新聞
2019年11月12日

情報ボード

▼日中ユースフォーラム　16日午後2～4時半、東京都豊島区西池袋3の西池袋第二区民集会室。「中国人の日本語作文コンクール」と「忘れられない中国留学・滞在エピソード」の両コンクールで入賞歴のある日中の若者や、審査委員らが集う。体験談や意見交換を通じて相互理解を深めながら、両国の交流促進へのヒントを探る。日本語や日本文化が海外にどう伝わっているか、その状況や問題点についても討論する予定。入場無料、定員70人（先着順、要申し込み）。㊞日本僑報社＝☎03・5956・2808

在中国日本国大使館官微（微博アカウント）2020年12月10日

探讨后疫情时代的青年交流　第三届"日中青年论坛"成功举办

japanembassy

点击蓝字关注我们　了解最新日本消息～

（本文转载自日本侨报出版社官网）

由日本侨报出版社主办、东芝国际交流财团赞助的第三届"日中青年论坛"，11月30日在网上举行。日本自民党干事长二阶俊博、中国驻日大使孔铉佑、日本驻华大使垂秀夫分别发来贺词。来自日本、中国、新加坡、加拿大、美国和法国的100余人参加了会议。

本次论坛邀请了"难忘的旅华故事"征文比赛的日方获奖者和"全中国日语作文大赛"的中方获奖者讲述各自宝贵的经历，加深相互理解的同时，也为两国青年提供了思考促进日中友好的机会。前两次论坛均在东京现场举办，今年虽受新冠疫情影响，但为保持连续性改为网上举行，论坛受到各方高度好评。

刚刚抵达北京赴任的日本驻华大使垂秀夫贺词称，"听说这次的报告者都是在"全中国日语作文大赛"和"难忘的旅华故事"大赛中名列前茅的青年。特别是在"全中国日语作文大赛"中获奖的作品，详细阐述了在新冠疫情蔓延的情况下，依然坚持努力学习日语和日本文化，加深日中相互理解的决心。我认为，每个人的这种强烈意志和信念，都将成为支撑今后日中关系发展的原动力。衷心期待年轻一代今后能够继续在语言等各领域不断钻研，成为日中关系的接班人和两国之间的桥梁"。（全文请戳"阅读原文"获取～）

论坛以"后新冠时代的青年交流"为主题进行，中方"全中国日语作文大赛"的获奖者和日方"难忘的旅华故事"征文获奖者各6人进行了报告。大家强调在新冠疫情限制两国往来的情况下，通过网络和社交媒体继续保持交流，了解彼此真实的姿态非常重要。

日本侨报出版社总编辑段跃中代表主办方致辞称，"虽然新型冠状病毒导致情况严重，但交流的重要性不会改变，这一交流也将越办越活跃。"

参加论坛的《朝日新闻》评论员古谷浩一总结道，"通过各位的报告，感受到了大家合作抗击新冠疫情、增强交流的信心。大家希望通过网络和社交媒体的交流曾经相互理解的建议给自己留下了深刻印象，让我鼓起了勇气"。

公明新聞
2019年11月1日

◆日本僑報社ほか主催「第２回『日中ユースフォーラム』」

「中国人の日本語作文コンクール」「忘れられない中国留学・滞在エピソードコンクール」。両コンクールの受賞者によるフォーラムを開催し、それぞれの体験を語ってもらい、相互理解を深めると同時に、多くの人に日中交流促進へのヒントを提案する。16日14時、東京の西池袋第二区民集会室・大会議室（豊島区西池袋３－８－20）で。参加無料。申し込みは☎03・5956・2808へ。

2020年12月3日

第三届“日中青年论坛”成功举办

2020-12-03 13:38:05　来源：新华网

新华网东京12月3日电（记者 郭丹）由日本侨报出版社主办的第三届“日中青年论坛”近日以在线视频方式成功举办。中国驻日本大使孔铉佑、日本驻华大使垂秀夫分别发来贺词。

第三届“日中青年论坛”视频截图。（图片由日本侨报社提供）

孔铉佑在贺词中表示，“国之交在于民相亲”。许多参赛选手在作品里写道，在真正接触到中国后，自己的对华态度发生好转，并异口同声地感叹“百闻不如一见”。这种对华认识的好转必将带动两国国民感情的改善，进一步夯实中日关系发展的民意基础。希望更多日本朋友通过获奖作品集认识一个真实、完整的中国，积极主动接触了解中国和中国人，形成全面客观的“中国观”。

垂秀夫在贺词中表示，“衷心期待年轻一代今后继续在语言等各领域钻研，成为日中关系的栋梁，两国之间的桥梁。”

此次“日中青年论坛”以“后疫情时代的青年交流”为主题进行，邀请了第三届“难忘的旅华故事”征文大赛的6名获奖日本青年与第十六届“全中国日语作文大赛”的6名获奖中国青年作为代表进行线上交流，约100名中日友人旁听了会议。

第三届“难忘的旅华故事”征文大赛最优秀奖（中国大使奖）得主池松俊哉讲述了他访问中国工厂的感受，“中国工厂的高品质管理水平和中国人民的温暖让我难忘，现在自己完全成了中国的粉丝，希望今后中日交流能够更加活跃”。第16届“全中国日语作文大赛”最优秀奖（日本大使奖）得主万园华说，感谢新冠肺炎疫情中许多国际友人伸出援助之手，期待能创造更多丰富多彩的交流方式，促进中日青年的交流。

整个论坛在真诚、友好的氛围中进行。大家纷纷表示希望通过网络和社交媒体的交流，了解彼此国家的真实状态，把中日友好的接力棒传递给更多的人。

【纠错】 责任编辑 谢艳 印暖

朝日新聞 DIGITAL　2019年11月14日

中国で日本語学び、人生変わった　１６日に東京で交流会

今村優莉　2019年11月14日 17時30分

シェア　ツイート　ブックマーク　メール　印刷

昨年行われた、第１回日中ユースフォーラムの参加者＝日本僑報社提供

日本語を学ぶ中国の若者と、中国語を学ぶ日本人学生が体験を語る「日中ユースフォーラム」が１６日、東京都 豊島区 の 西池袋 第二区民集会室で開かれる。誰でも参加、自由に発言することができる交流イベントで、主催者が参加者を募集中だ。

２回目だが、公開されるのは初めて。日中の相互理解の促進を目的として１５年間作文コンクールを開いてきた日本僑報社（同区）が主催。中国側からは過去に日本語の同コンクールに参加したことで日本の大学で学ぶ機会を得た留学生や、中国で日本の文化を伝える事業をおこした若者が来日する。

参加する一人は、日本語を学ぶことを家族に反対されていた。だが、 奨学金 を得て日本に留学し、学生生活で様々な日本人と交流を深めたことで日本への見方が変わり、やがては家族も応援。貧しい農村の出身だったが、日本語を学んだことで人生が変わったという。そんな自らの体験を話す予定だ。

日本側は、中国留学の経験がある東京大や 早稲田大 などの学生が臨むほか、朝日新聞論説委員や、中国で活動する日本語教師らがコメンテーターとして出席する。

日本僑報社編集長の段躍中さんは「日中の若者が相手国についてどのように考え、文化を吸収しているかを知る貴重な機会。関心のある方はぜひ参加して」と話す。

人民中国 PEOPLE'S CHINA　2021.1

東京 北京など　現地へ行き、その土地のファンに

日本僑報出版社が主催する第3回「日中ユースフォーラム」が昨年11月29日、テレビ会議形式で開かれた。中国の孔鉉佑駐日大使、日本の垂秀夫駐中国大使が祝辞を送った。

今回のフォーラムのテーマは「ポストコロナ時代の若者交流」。第3回「忘れられない中国滞在エピソード」作文コンクールで受賞した日本の6人の若者、第16回「中国人の日本語作文コンクール」で受賞した中国の6人の若者が代表者としてオンラインで交流し、約100人の中日友好事業の関係者が会議を傍聴した。

フォーラムで、第3回「忘れられない中国滞在エピソード」作文コンクールの最優秀賞（中国大使賞）を受賞した池松俊哉さんは、「中国の工場の高品質管理水準と中国人の温かさが忘れがたい。今や私は完全に中国のファンになった。中日の交流が今後いっそう活発化することを願う」と、中国の工場を訪問した時の印象を語った。参加者はインターネットとSNSの交流を通じ相手国の真の様子を知り、中日友好のバトンを多くの人につなぎたいと表明した。

中国网 Japanese.CHINA.ORG.CN　中国網 2020年12月3日

第3回「日中ユースフォーラム」　ポストコロナ時代の若者交流

タグ：ユースフォーラム　コロナ　作文　コンクール

日本僑報出版社が主催する第3回「日中ユースフォーラム」がこのほど、テレビ会議形式で開かれた。中国の孔鉉佑駐日大使、日本の垂秀夫駐中国大使が祝辞を送った。

孔大使は祝辞の中で、「国の交わりは民の相親しむにありだ。多くの応募者は作品の中で、中国そして中国人と触れ合う前後の対中感情に言及しており、口をそろって『百聞は一見にしかず』と感心している。こういった認識の好転が必ず国民感情の改善につながり、両国関係発展の民意的基礎を打ちかためるものとなる。より多くの日本の友人が受賞作品を通じ、『等身大』の中国を認識し、中国そして中国人と進んで触れ合い、自らの全面的で客観的な『中国観』を持つことを希望する」と表明した。

垂大使は祝辞の中で、「若い世代の皆さんには、これからも引き続き語学を始めとする各分野で研鑽を積み、日中関係の担い手、両国の間の懸け橋となるよう期待する」と表明した。

今回の「日中ユースフォーラム」のテーマは「ポストコロナ時代の若者交流」。第3回「忘れられない中国滞在エピソード」作文コンクールで受賞した日本の6人の若者、第16回「中国人の日本語作文コンクール」で受賞した中国の6人の若者が代表者としてオンラインで交流し、約100人の中日の友人が会議を傍聴した。

第3回「日中ユースフォーラム」の最優秀賞（中国大使賞）を受賞した池松俊哉さんは、中国の工場を訪問した時の印象を語った。「中国の工場の高品質管理水準と中国人の温かさが忘れがたい。今や私は完全に中国のファンになった。中日の交流が今後いっそう活発化することを願う」

第16回「中国人の日本語作文コンクール」の最優秀賞（日本大使賞）を受賞した万園華さんは、「コロナ禍で多くの世界の友人から援助の手を差し伸べられたことに感謝する。より多くの豊富で多彩な交流方法を作り、中日の青年交流を促進することに期待する」と話した。

フォーラム全体が誠意ある友好的な雰囲気のなか進行した。人々は、インターネットとSNSの交流を通じ相手国の真の状態を理解し、中日友好のバトンを多くの人につなぎたいと表明した。

「中国網日本語版（チャイナネット）」2020年12月4日

朝日新聞 DIGITAL
2019年12月25日

「日本のおじさんはスケベ」聞いて育った私、来日したら

今村優莉　2019年12月25日 7時00分

シェア　ツイート list　ブックマーク 0　メール　印刷

日中ユースフォーラムで体験を語る朱杭珈さん＝2019年11月16日午後2時59分、東京都豊島区、今村優莉撮影

日本と中国の民間交流はどうすれば深まるか。１５年間にわたって「中国人の日本語作文コンクール」を主催してきた日本僑報社（東京都豊島区）が１１月、両国の相互理解の促進について話し合う「日中ユースフォーラム」を開いた。過去の作文コンクールに参加した両国の若者９人が集まり、言葉を学んだきっかけや将来の夢について語った。

日本語を学ぶきっかけは、成績が足りなかったから――。「まるか」さんはそう切り出した。

まっすぐ切りそろえた黒い前髪に丸い顔。「顔が丸いアニメのちびまる子ちゃんが好き。『まるか』と呼んで下さい」と話した。

本名は朱杭珈さん（２５）。「まる子」ではなく「まるか」なのは、名前の日本語読み「こうか」にかけたものだ。

日中友好新聞
2021年1月1日

受賞者代表らが喜びの声

中国滞在エピソードコンクール表彰式

「忘れられない中国滞在エピソード」作文コンクールを主催する日本僑報社は昨年11月29日午後、今年の第3回コンクールの表彰式を初めてオンラインで開催しました。

表彰式では、中国の孔鉉佑《こうげんゆう》大使のメッセージを鄒健《しゅうけん》・駐日中国大使館三等書記官が代読。本コンクールが年々成長を続け、3年目の今回は、合計219本の応募作が中国、日本、フランス、チリなど4カ国に在住する日本人から寄せられ、より国際化したこと、また応募者の職業も、国会議員、会社役員、団体職員、公務員、大学教師など多岐にわたり、年齢層も9歳から高齢者までと幅広く及んだことなどを紹介。「多くの応募者は、中国そして中国人と触れ合う前後の対中感情の変化に言及しており、口をそろえて『百聞は一見にしかず』と感心している」「国の交わりは民の親しみにあり、こういった認識の好転が必ず国民感情の改善につながり、両国関係発展の民意的基礎を打ち固めるでしょう」と、本コンクール開催の意義を強調しました。

自民党の二階俊博幹事長からのお祝いの言葉が、画面上で紹介されました。

この後、後援団体を代表して、読売新聞社の幸内康国際部次長、来賓として武田勝年・元日中友好会館理事長がそれぞれあいさつしました。

受賞者代表として「特別賞」を受賞した矢倉克夫参議院議員と海江田万里衆議院議員（ビデオ）、最優秀賞（中国大使賞）の池松俊哉さん（東京都）、1等賞の星野信さん（福岡県）、岩崎春香さん（神奈川県）、畠山修一さん（埼玉県）、田丸博治さん（大阪府）、佐藤奈津美さん（秋田県）があいさつし、それぞれ受賞の喜びと感謝の気持ちを伝えました。

閉会に当たり、瀬野清水・元重慶総領事が「コンクールのますますの発展を祈るとともに、受賞作品集を多くの人に読んでもらいたい」とあいさつ。

池松俊哉さん

星野信さん

日中友好新聞
2021年1月15日

ポストコロナ時代の若者交流

日本僑報社 オンラインでフォーラム

初のオンライン開催の第3回「日中ユースフォーラム」

日本僑報社は、第3回「日中ユースフォーラム」を昨年11月29日午後、初めてオンラインで開催しました。

これは、同社が主催する「中国人の日本語作文コンクール」と「忘れられない中国留学・滞在エピソード」の受賞者に、それぞれ貴重な体験談を語ってもらい、相互理解を深めるとともに、両国の交流促進へのヒントを探ろうとするもの。

とくに今回は「ポストコロナ時代の若者交流」をテーマとして、若者らしいフレッシュな提言を発表してもらいました。

初のオンライン・フォーラムには、日本と中国はじめ、アメリカ、フランス、カナダ、シンガポールなど世界6カ国から100人余りが参加。インターネットを通じた若者交流への関心が高まっていることがうかがえました。

フォーラムではまず、中国に着任したばかりの垂秀夫日本大使の祝辞を披露。垂大使は、「若い世代の皆さんには、これからも引き続き語学をはじめとする各分野で研鑽を積み、日中関係の担い手、両国の間の懸け橋となるよう期待する」と、励ましの言葉を述べました。

続いて、同じく留学経験をもつ近藤昭一衆議院議員と矢倉克夫参議院議員、本フォーラムの協賛団体である東芝国際交流財団の大森圭介専務理事がそれぞれあいさつ、意欲あふれる〝若者パワー〟を称賛し、フォーラム支援を続けていきたいと語りました。

報告者には、大連外国語大学4年生の萬園華さんなど中国側6人、会社員の池松俊哉さんなど日本側6人が素晴らしい発表を行い、「ネットでの交流経験を生かして、新しい豊富多彩な交流方式を創造していくべきだ」などと提言しました。

来賓や過去の受賞者によるコメントも行われ、特に16年前の第1回中国人の日本語作文コンクール一等賞受賞者も登壇し、話題となりました。

最後に、朝日新聞の古谷浩一論説委員（前中国総局長）が総括し、「皆さんの前向きな企画力、行動力、発信力に触れることができ、感心した。これからも応援していきたい」と、参加者にエールを送りました。

（段躍中）

編者 段 躍中（だん やくちゅう）

日本僑報社代表、日中交流研究所所長。1958年中国湖南省生まれ。有力紙「中国青年報」記者・編集者などを経て、1991年に来日。2000年新潟大学大学院で博士号を取得。

1996年日本僑報社を創立。以来、書籍出版をはじめ、日中交流に尽力している。2005年から作文コンクールを主催。2007年に「星期日漢語角」（日曜中国語サロン、2019年7月に600回達成）、2008年に出版翻訳のプロを養成する「日中翻訳学院」を創設。

2008年小島康誉国際貢献賞、倉石賞を受賞。2009年日本外務大臣表彰受賞。北京大学客員研究員、湖南大学客員教授、立教大学特任研究員、日本経済大学特任教授、湖南省国際友好交流特別代表などを兼任。主な著書に『現代中国人の日本留学』『日本の中国語メディア研究』など多数。http://my.duan.jp/

ポストコロナ時代の若者交流
日中ユースフォーラム2020

2021年3月28日　初版第1刷発行
編　者　段 躍中
発行者　段 景子
発行所　日本僑報社
〒171-0021 東京都豊島区西池袋3-17-15
TEL03-5956-2808　FAX03-5956-2809
info@duan.jp
http://jp.duan.jp
中国研究書店 http://duan.jp

ISBN 978-4-86185-308-1　C0036

「中国滞在エピソード」友の会
（略称「中友会」）設立のお知らせ

2017年開催した「忘れられない中国留学エピソード」をきっかけに、2018年から始まった「忘れられない中国滞在エピソード」コンクールは、日本人留学生だけでなく、ビジネスパーソン、外交官、教育・文化・スポーツ・科学技術関係者、駐在員家族など幅広い分野の非常に多くの中国滞在経験者から投稿を頂きました。

日本各地の中国滞在経験者から、お互いの交流の場を持ちたいとの要望も寄せられました。このご要望に応えて、この度、「中国滞在エピソード」友の会（略称「中友会」）を設立する運びとなりました。

日本各地に点在しておられる中国滞在経験者に末永い交流の場を提供し、日本と中国をつなげるために、この事業を更に充実、発展させたいと考えております。

中国滞在経験をお持ちの日本人の方、日中交流に関心を持ち本事業の趣旨に賛同される日本人や中国人の方など、どなたでもご登録できます。

皆さまのご理解とご協力を切にお願い申し上げます。

2020年10月　日本僑報社

「中国滞在エピソード」友の会（中友会）ホームページ

詳しくは下記のページをご参照ください。

http://duan.jp/cn/chuyukai.htm

中国滞在エピソード友の会　検索

毎月第1水曜日 メールマガジン配信!

日本僑報社好評既刊書籍

日中中日翻訳必携 実戦編Ⅳ
こなれた訳文に仕上げるコツ

好評シリーズ最新刊!!

武吉次朗 編著

「解説編」「例文編」「体験談」の各項目に分かれて、編著者の豊かな知識と経験に裏打ちされた講評に加え、図書翻訳者としてデビューした受講者たちの率直な感想を伝える。

四六判176頁 並製 定価1800円＋税
2018年刊 ISBN 978-4-86185-259-6

日中中日翻訳必携 実戦編Ⅲ
美しい中国語の手紙の書き方・訳し方

千葉明 著

日中翻訳学院の武吉次朗先生が推薦する「実戦編」第三弾！
中国語手紙の構造を分析して日本人向けに再構成し、テーマ別に役に立つフレーズを厳選。

A5判202頁 並製 定価1900円＋税
2017年刊 ISBN 978-4-86185-249-7

日中中日翻訳必携 実戦編Ⅱ
脱・翻訳調を目指す訳文のコツ

武吉次朗 著

ワンランク上の訳文に仕上げるコツを全36回の課題と訳例・講評で学ぶ。プロ翻訳者を目指す方に役立つ必携テキスト。

四六判192頁 並製 定価1800円＋税
2016年刊 ISBN 978-4-86185-211-4

日中中日翻訳必携 実戦編
よりよい訳文のテクニック

武吉次朗 著

実戦的な翻訳のエッセンスを課題と訳例・講評で学ぶ。より良い訳文づくりのためのヒントが満載された一冊。

四六判192頁 並製 定価1800円＋税
2014年刊 ISBN 978-4-86185-160-5

日中中日 翻訳必携 基礎編
翻訳の達人が軽妙に明かすノウハウ

2021年2月第四刷発行

武吉次朗 著

古川 裕（中国語教育学会会長・大阪大学教授）推薦のロングセラー。著者の四十年にわたる通訳・翻訳歴と講座主宰及び大学での教授の経験をまとめた労作。

四六判180頁 並製 定価1800円＋税
2007年刊 ISBN 978-4-86185-055-4

同じ漢字で意味が違う
日本語と中国語の落し穴
用例で身につく「日中同字異義語100」

久佐賀義光 著
王達 中国語監修

"同字異義語"を楽しく解説した人気コラムが書籍化！中国語学習者だけでなく一般の方にも。漢字への理解が深まり話題も豊富に。

四六判252頁 並製 定価1900円＋税
2015年刊 ISBN 978-4-86185-177-3

アメリカの名門CarletonCollege発、全米で人気を博した
悩まない心をつくる人生講義
—タオイズムの教えを現代に活かす—

チーグアン・ジャオ 著
町田晶（日中翻訳学院）訳

2500年前に老子が説いた教えにしたがい、肩の力を抜いて自然に生きる。難解な老子の哲学を分かりやすく解説し米国の名門カールトンカレッジで好評を博した名講義が書籍化！

四六判247頁 並製 定価1900円＋税
2016年刊 ISBN 978-4-86185-215-2

日中文化DNA解読
心理文化の深層構造の視点から

尚会鵬 著
谷中信一 訳

昨今の皮相な日本論、中国論とは一線を画す名著。
中国人と日本人の違いとは何なのか？文化の根本から理解する日中の違い。

四六判250頁 並製 定価2600円＋税
2016年刊 ISBN 978-4-86185-225-1